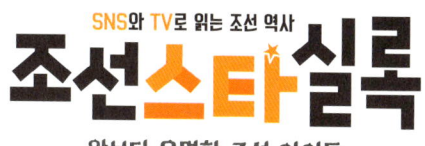

조선스타실록

글 최설희 | **그림** 김영진 | **감수** 김태훈
펴낸날 2018년 3월 5일 초판 1쇄, 2023년 7월 6일 초판 5쇄
펴낸이 김상수 | **기획·편집** 이성령, 권정화, 전다은 | **디자인** 문정선, 조은영 | **영업·마케팅** 황형석, 오정훈
펴낸곳 루크하우스 | **주소** 서울시 서초구 사임당로 50 해양빌딩 504호 | **전화** 02)468-5057 | **팩스** 02)468-5051
출판등록 2010년 12월 15일 제2020-203호
www.lukhouse.com cafe.naver.com/lukhouse

© 최설희 2018
저작권자의 동의 없이 무단 복제 및 전재를 금합니다.

ISBN 979-11-5568-315-6 74900
ISBN 979-11-5568-314-9 (세트)

※ 잘못된 책은 구입처에서 바꾸어 드립니다.
※ 값은 뒤표지에 있습니다.

상상의집은 (주)루크하우스의 아동출판 브랜드입니다.

SNS와 TV로 읽는 조선 역사

조선스타실록

왕보다 유명한 조선 아이돌

상상의집

차례

『조선왕조실록』 · 10
조선의 시작 · 12

제1대 태조 · 14
새로운 스타, 나야 나!
조선을 세우다
왕자들의 싸움

제2대 정종 · 24
동생 대신 왕이 되다

제3대 태종 · 28
왕권을 키워야 나라가 바로 선다

제4대 세종 · 32
왕 중의 왕, 세종대왕
나라를 두루두루 살피다
백성을 위해 만든 글, 훈민정음

제5대 문종 · 40
젊은 왕, 피기도 전에 지다

제6대 단종 · 42
불안불안 어린 왕
"작은아버지, 살려 주세요!"

제7대 세조 · 48
피의 군주
강한 왕이 되리라

제8대 예종 · 54
"아버지처럼 강한 왕이 되자!"

제9대 성종 · 56
사림, 조선 정치의 새바람
제2의 세종대왕
조선 최고 법전, 『경국대전』

제10대 연산군 · 62
두 번의 칼부림으로 폭군이 되다
쫓겨난 왕, 연산군

제11대 중종 · 66
조광조와 함께 조선을 개혁하다
사림이 또 한 번 칼을 맞다

제12대 인종 · 70
가장 짧게 누린 왕

제13대 명종 · 72
어머니 뒤에 숨은 왕
조선에 드리운 그림자

제14대 선조 · 76
사림의 부활과 붕당 정치
임진왜란이 일어나다
나라를 구한 이순신과 의병

제15대 광해군 · 84
조선을 다시 일으키자
부모 형제도 모르는 왕?

제16대 인조 · 90
인조의 첫 번째 굴욕
머리를 조아린 왕

제17대 효종 · 94
청나라 정벌의 꿈

제18대 현종 · 96
불꽃 튀는 '예의' 싸움

제19대 숙종 · 98
왕의 손바닥에서 춤을 추다

제20대 경종 · 100
허약한 왕

제21대 영조 · 102
탕탕평평, 당쟁을 없애자
백성을 위한 정치
생각할수록 슬픈 아들

제22대 정조 · 108
배우고 익히는 왕
찬란하다, 조선 예술!
자유로운 상업 활동을 위하여
꿈의 도시, 화성

제23대 순조 · 116
다시 어둠으로

제24대 헌종 · 118
두 외척의 틈바구니에서

제25대 철종 · 120
피눈물 흘리는 백성들

제26대 고종 · 124
흥선 대원군의 나라
나라의 문을 굳게 닫아라
개화의 거친 소용돌이
동학 농민 운동
을사조약

제27대 순종 · 132
나라를 잃다
조선의 마지막 황제

조선 왕조 계보 · 135

조선★스타★실록을 시작하기 전에─

사관이 왕 앞에 무릎을 꿇고 절을 했어요.
왕은 안절부절못하며 손에 들고 있는 기계만 만지작거렸지요.

이제 그것을 제게 넘기시옵소서.

흠흠. 여기 있소.

사관이 왕에게 작은 기계를 받아 쥐고 이리저리 살폈어요. 사관의 표정이 점점 굳어졌지요. 사관은 단호한 목소리로 말했어요.

전하. '왕톡'이 잠겨 있습니다. 어서 암호를 푸시지요.

암호를 풀어 줄 테니 시간을 조금 주시오.

어인 일로 그러시옵니까?

머뭇거리던 왕은 사관에게 다가와 사정하듯이 말했어요.

아니, 그러니까…… 신하들과 내일 사냥 가기로 왕톡에서 약속을 다 잡아 놨거늘, 사관이 이것을 실록에 기록하면 후손들이 뭐라고 생각하겠소? 저 왕은 나랏일은 돌보

지 않고 매일 사냥만 다녔다고 흉을 보지 않겠소? 그러니 사냥 약속을 잡은 왕톡 내용만 삭제를 하고…….

 전하!!!

사관이 머리를 깊이 숙이며 간곡히 이야기했어요.

 전하, 아뢰옵기 황송하오나 실록은 조선의 역사이옵니다. 역사란 달면 삼키고 쓰면 뱉는 것이 아니라 있는 그대로 서술해야 하는 것이옵니다.
저는 후손들이 공정하게 평가할 수 있도록 조선의 역사를 올곧게 기록하는 사관이옵니다. 조선 왕실에서 일어난 일은 빠짐없이 기록해야 하니, 왕톡 암호를 제게 알려 주옵소서.

그때 기계에서 소리가 났어요.
"왕톡! 왕톡!"
기계를 손에 쥔 사관의 눈은 반짝, 입가는 방긋했지요.

 전하, 왕톡에 '내일 사냥 장소 공지'가 떴습니다. 장소를 아시려면 제게 암호를 알려 주셔야만 합니다.

7

왕은 포기했다는 듯 고개를 저었어요.

어쩔 수 없구려. 왕톡 비번은 '九八七六(구팔칠육)'이오.

잠시 후 서고로 돌아온 사관은 화면을 바라보며 썼어요.

"○○○○년 ○월 ○일
임금이 신하들과 왕톡에서 사냥을 계획하였으나, 이 계획을 알리기 꺼려하여 왕톡에 암호를 걸었다. 사관이 애원하여 겨우 암호를 공개하였다. 암호는 '九八七六'이었다."

사관은 한참 동안 자리를 떠나지 못했어요. 그날 속보와 백성들의 목소리가 담긴 게시판을 둘러보며 조선 왕실과 조선에서 어떤 일이 일어났는지 속속들이 기록해야 했기 때문이에요.

휴, 이만하면 되었군. 잊지 않고 저장도 해야지……

화면을 지그시 바라보던 사관은 고개를 끄덕이며 그제야 자리를 떠났습니다.

마침

『조선왕조실록』

『조선왕조실록』이란? ▼

『조선왕조실록』은 조선 역사를 기록한 책이다. 책마다 『태조실록』, 『세종실록』처럼 왕의 이름을 붙였다. 태조부터 철종까지 조선 왕조 25대 472년에 걸쳐 일어난 조선의 주요 사건을 담았다. 888권의 방대한 분량으로 조선의 백과사전으로 불리기도 한다.

『조선왕조실록』은 우리나라 국보 제151호로 지정되어 있다. 이토록 오랜 기간 자세한 기록이 남겨져 있는 역사서는 세계적으로도 드물다. 1997년 유네스코 세계 기록 유산으로도 지정되었다.

어떻게 기록했나? ▼

왕의 곁에는 늘 사관이 있었다. 왕은 사관 없이 다른 신하를 만날 수 없었다. 사관은 왕에게 벌어지는 일을 꼼꼼히 기록했다. 사관이 기록한 것을 사초라고 한다. 왕은 사초를 볼 수 없었기 때문에 사관은 걱정 없이 객관적으로 사실을 기록할 수 있었다. 사초와 관청의 기록 등 여러 자료를 모아 두었다가 왕이 죽으면 곧바로 실록청을 설치해 실록을 만들었다.

『고종실록』과 『순종실록』도 남아 있지만, 이 두 실록은 일제 강점기에 일본인이 썼다. 사관이 사초를 바탕으로 작성해야 한다는 원칙에 맞지 않고 일본의 입장에서 서술되어 두 실록은 『조선왕조실록』에 포함하지 않는다.

『조선왕조실록』에 비밀은 없어! ▼

태종 이방원이 사냥터에서 말을 타고 달리다가 말에서 떨어진 적이 있다. 이방원은 민망하고 창피해 신하들에게 "내가 말에서 떨어진 일을 사관이 알지 못하게 하라."라고 했다. 하지만 『태종실록』에는 태종이 말에서 떨어진 일과 이를 사관에게 비밀로 하라고 했다는 말까지 고스란히 기록되어 있다.

편찬 과정 ▼

사관이 왕과 신하의 대화를 꼼꼼히 기록해 사초를 만든다. 왕이 죽으면 실록청을 설치하고 사초와 그 밖의 자료를 수집한 후 연도에 따라 정리해 실록을 편찬한다. 실록이 만들어지기까지 세 번의 검토를 거쳐 수정·보완하고 이를 인쇄해 책으로 엮는다.

실록이 완성되면 궁궐 안과 여러 지방의 서고에 보관했다. 사초는 물에 씻어 그 흔적을 없앴다. 이러한 '세초(洗草)' 작업은 지금의 세검정에서 이루어졌다.

『조선왕조실록』의 의미 ▼

『조선왕조실록』은 조선 시대의 정치·경제·사회·문화·외교·군사·풍습 등 다양한 분야의 역사를 담고 있는 역사책이다. 선조들이 많은 시간과 노력을 들여 남긴 훌륭한 문화유산이기도 하다.

왕은 살아 있는 동안 자신에 관한 기록을 볼 수 없었고 기록에 개입할 수 없었기 때문에 『조선왕조실록』은 사실대로 올바르게 기록될 수 있었다. 따라서 객관적이고 비판적인 자료로서 가치가 높다.

여러 지역에 사고를 설치한 건 신의 한 수! ▼

실록이 완성되면 네 부를 인쇄해 궁궐 안 춘추관, 충주, 전주, 성주에 각각 보관했다. 하지만 임진왜란 때 전주에 있는 실록만 남고 모두 불에 타 버렸다. 왜란 후 모두 다섯 부를 편찬하여 산속 깊은 곳과 섬에 사고(史庫, 서적 보관 시설)를 만들고 이곳에 실록을 보관했다. 이후 일제 강점기와 6·25 전쟁을 겪었지만 선조들이 여러 지역에 사고를 설치한 덕분에 우리는 『조선왕조실록』이라는 훌륭한 문화유산을 지킬 수 있었다.

조선의 시작

권문세족과 고려의 내리막길 ▼

고려는 중국 원나라의 간섭을 받고 있었다. 이때 원나라의 편에 서서 권력을 누렸던 세력을 권문세족이라고 한다. 권문세족은 권력을 이용해 엄청난 땅과 재물을 차지한 반면, 백성들의 삶은 '바늘 하나 꽂을 땅도 없다.'라는 비명이 터져 나올 정도로 고통스러웠다. 북쪽에서 홍건적이, 남쪽에서는 왜구가 수시로 쳐들어와 백성의 생활은 점점 더 비참해졌다.

최영과 이성계 ▼

홍건적과 왜구의 침입이 잦던 고려 말, 외적을 크게 물리치며 영웅이 된 두 사람이 있었다. 최영 장군과 이성계 장군이다. 이들은 백성의 지지를 받으며 세력을 키워 가고 있었다.

한편, 권문세족에 맞서 새롭게 등장한 지식인 세력도 있었다. 이들을 신진 사대부라고 한다. 신진 사대부는 고려 공민왕이 원나라 편에 섰던 권문세족을 몰아내기 위해 등용한 인물들이다. 정몽주와 정도전은 신진 사대부의 핵심 인물이었다.

바깥 나라 중국의 사정은? ▼

중국에서는 원나라의 힘이 가장 컸다. 원나라의 침략으로 고려는 무려 40여 년 동안 원나라와 전쟁을 치러야 했고, 결국 원나라에 항복해 원나라의 간섭을 받았다. 이어 한족이 원나라를 북방으로 몰아내고 중국에 명나라를 새로 세웠다. 명나라는 고려에 사신을 보내 철령 이북 땅이 원래 원나라 땅이었으니 내놓으라고 요구했다.

위화도 회군 ▼

명나라가 철령 이북 땅을 내놓으라는 무리한 요구를 하자 고려 우왕과 최영 장군은 괘씸한 명나라를 먼저 공격해야 한다고 주장했다. 이성계에게 명나라의 요동 지역을 정벌하라고 명령하자 이성계는 이에 반대하며 맞섰지만 받아들여지지 않았다.

1388년 이성계는 5만 군사와 함께 요동을 향해 가던 중, 압록강 위화도에서 군사를 돌렸다. 곧바로 고려의 수도인 개경으로 가서 우왕과 최영을 끌어내렸다.

조선 건국 ▼

우왕이 죽고 창왕과 공양왕이 차례로 왕위에 올랐다. 신진 사대부는 고려를 이어 가야 한다고 주장하는 온건파와 고려를 없애고 새 나라를 세우자는 혁명파로 나뉘었다. 권력을 잡고 있던 이성계는 혁명파 사대부와 손을 잡고 500년 역사의 고려를 멸망시킨 후 새 나라를 세웠다. 새 나라 조선의 첫 번째 왕은 태조 이성계다.

'조선'의 의미는? ▼

새 나라가 세워지고 얼마 후, 명나라는 태조 이성계를 새 나라의 임금으로 인정했다. 이성계는 나라 이름을 단군이 세운 고조선의 뜻을 이어 '조선'이라 할지, 이성계의 고향인 '화령'이라 할지 명나라에 물었고, 명나라는 '조선'이라고 답했다. 이 사건을 통해 조선의 외교 정책을 엿볼 수 있다. 조선은 명나라의 환심을 사 명나라로부터 선진 문물과 국제 정보를 얻으려 했을 것이다.

제1대 태조

연관 검색어 ⚠ 위화도 회군 – 고려 멸망 – 조선 건국 – 최영 – 정몽주 – 정도전

태조
재위 1392~1398

주요 사건 ▼

고려 멸망

위화도 회군
"요동 정벌!" 최영 VS "불가능해!" 이성계

「하여가」와 「단심가」
"이런들 어떠하리" 이방원
"임 향한 일편단심" 정몽주

업적 ▼

조선 건국

새 나라 조선은 내 손으로!
조선 기획자 정도전

도읍지 한양
한양에 궁궐·종묘·사직·관청을 지음

나라의 기틀 마련
유교, 그중에서도 성리학을 조선의 근본 사상으로!

▼ **1335**
태조 이성계 태어나다.

▼ **1388**
위화도에서 군대를 돌려 고려 우왕을 쫓아내고 창왕을 세우다.

▼ **1389**
공양왕을 세우고, 최영을 처형하다.

▼ **1392**
이성계가 새 나라의 첫 번째 왕이 되다.

태조 가계도 ▼

```
환조 ─── 의혜 왕후
       │
   제1대 태조
   (재위 1392~1398)
```

▬▬ 부부 관계
── 부모·자식 관계

朝鮮

▼ 경복궁 근정전

▼1393
나라의 이름을
조선으로 정하다.

▼1394
도읍을 개경에서
한양으로 옮기다.

▼1395
경복궁을 완성하다.

▼1408
태조 승하하다.
건원릉에 묻히다.

새로운 스타, 나야 나!

고려 말, 홍건적과 왜구가 수시로 쳐들어와 백성을 괴롭혔어요. 그런데도 귀족은 백성을 돌보지 않고 자기 배만 불리기 바빴지요. 이때 부패하고 타락한 고려를 뒤엎고 새 나라를 세워야 한다고 주장하는 사람들이 나타났어요. 이들을 '신진 사대부'라고 합니다. 정몽주와 정도전을 중심으로 한 신진 사대부는 무인 세력인 이성계에게 고려를 개혁하는 데 힘을 합하자고 제안합니다.

무인인 최영과 이성계는 우리 땅을 침략한 홍건적과 왜구를 족족 무찌르며 백성으로부터 큰 인기를 얻었지요. 이렇듯 혼란한 와중에 명나라가 철령 이북 지방을 내놓으라고 고려를 협박했어요. 명나라의 부당한 요구를 들어줄 수 없다고 판단한 우왕과 최영 장군은 이성계에게 먼저 요동을 공격하라고 명령합니다.

- 귀족들은 자기들 배만 불리지, 나라 밖에서 적은 쳐들어오지…….
- 백성들 불쌍해ㅠㅠ
- 안녕하세요! 고려 말 혜성처럼 등장한 신인 그룹 '신진 사대부'입니다!
- 센터는 정몽주, 정도전이에요!
- 학자나 관리 중심인 신진 사대부에게 무인인 이성계의 힘이 필요했을 거야.
- 그건 이성계도 마찬가지야. 학식이 부족한 이성계도 신진 사대부를 이용한 거!

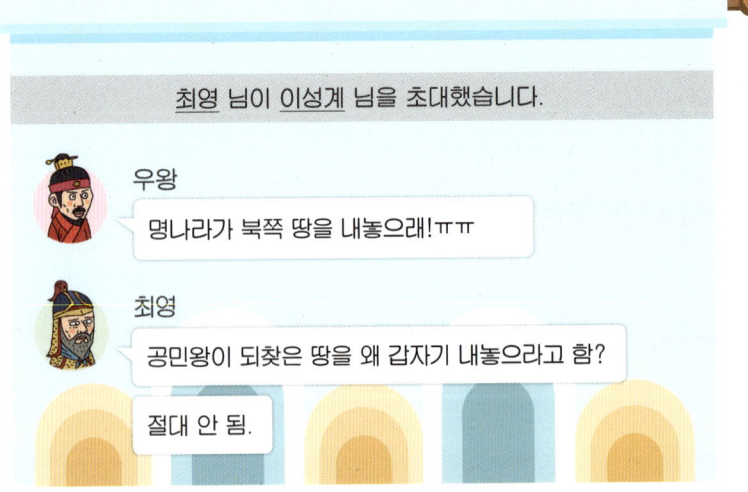

최영 님이 이성계 님을 초대했습니다.

우왕: 명나라가 북쪽 땅을 내놓으래!ㅠㅠ

최영: 공민왕이 되찾은 땅을 왜 갑자기 내놓으라고 함? 절대 안 됨.

이성계는 1388년 5만 군사를 이끌고 요동 정벌에 나섭니다. 하지만 압록강 하류인 위화도에서 군사를 돌려 개경을 공격하고 우왕과 최영을 끌어내렸어요. 우왕의 뒤를 이어 창왕과 공양왕이 차례로 왕위에 올랐지만 권력은 모두 이성계가 쥐고 있었지요.

💬 새 나라를 세우려는 혁명파 리더는 정도전이야.

신진 사대부는 이성계를 앞세워 나라를 새로 세우자는 세력과 고려의 멸망을 막아야 한다는 세력으로 나뉘었어요. 정몽주는 새 나라를 세우는 일에 크게 반대하며 고려의 부패한 점을 고쳐 나가자고 주장했지요.

💬 나라의 멸망을 막으려는 온건파 리더는 정몽주였고.

이성계는 뛰어난 학자이며 정치가인 정몽주를 자기 세력으로 끌어들이길 바랐지만 정몽주는 흔들리지 않았어요. 이성계의 아들인 이방원도 직접 정몽주를 설득했지만 정몽주는 뜻을 굽히지 않았어요. 결국 이방원은 부하를 시켜 정몽주를 살해했습니다.

💬 왕은 바꿀 수 있어도 나라는 바꿀 수 없거늘!

ㄴ 💬 님 정몽주세요?

💬 고려의 마지막 충신 정몽주가 살해당했다!

[속보] 정몽주, 선죽교에서 변사체로 발견

개성시 선죽동 선죽교

▽ 댓글 254

ㄴ 고인의 명복을 빕니다.
방금 전 | 신고

ㄴ ▶◀ 고인의 명복을 빕니다…….
방금 전 | 신고

…

💬 범인이 이방원이라고 왜 말을 못 해!

ㄴ 💬 윗 분 밤길 조심하세요.

스타★실록

정몽주
(1337~1392)
고려의 마지막 충신

　고려 정치인 겸 학자. 고려의 외교를 맡아 이끌며 중국과 일본을 오 갔고, 당시 새로운 학문인 성리학을 연구했다. 성리학은 효와 충을 중 요시하는 학문이다. 정몽주는 아버지가 돌아가시자 성리학의 예법에 따라 무덤 옆에 막집을 짓고 3년 동안 무덤을 지키기도 했다.

　성리학에서 임금은 백성의 아버지와 같아서 임금을 저버리는 일은 도리에 어긋난다. 이에 따라 정몽주는 신하가 나라와 임금을 배신할 수 없다며 고려를 없애고 새 나라를 세우는 일에 강하게 반대했다. 결국 이방원에 의해 목숨을 잃었고, 마지막 충신을 잃은 고려도 함께 무너졌다. 정몽주와 이방원이 주고받은 시조가 당시 그들의 입장 차이 를 잘 보여 준다.

　　　이런들 어떠하리 저런들 어떠하리
　　　만수산 드렁칡이 얽혀진들 어떠하리
　　　우리도 이같이 얽혀 백 년까지 누리리라

이방원이 정몽주에게 바친 「하여가」다.
힘을 합쳐 새 나라를 세워 보자고 설득하고 있다.

　　　이 몸이 죽고 죽어 일백 번 고쳐 죽어
　　　백골이 진토되어 넋이라도 있고 없고
　　　임 향한 일편단심이야 가실 줄이 있으랴

이방원의 「하여가」에 답하기 위해 정몽주가 지은 「단심가」다. '임'은 고려 왕을 뜻한다. 자신의 몸이 죽어도 고려에만 충성하겠다 는 마음이 시에 담겨 있다.

조선을 세우다

- 이성계 알고 보니 금수저.

- 나라의 이름을 뭘로 할지 명나라에 물어봤다는 게 사실이야?

- 악! 실망! 앞으로 쭉 중국 허락을 받게 생겼네ㅠㅠ

- 앞으로 조선은 쭉 이씨 남자들이 대세~

- 정도전 = 이성계 베프

- 한양이 나라의 중심에 있기도 하고, 한강에 배를 띄워 물건을 실어 나르기도 편했겠지.

- 고려의 도읍지였던 개경에는 이성계를 반대하는 세력이 여전히 컸대.

전하일보 1392년 7월

이성계 장군, 왕으로 승격!

오늘 개경에서 이성계 장군께서 전하로 승격하셨다. 1335년 함경도 동북면에서 태어나 장군이었던 아버지와 함께 홍건적과 왜구을 무찌르는 등 혁혁한 공을 세우셨다. 압록강 위화도에서 회군하시어 최영 장군을 몰아내는 등 혼란한 고려를 개혁하기 위해 과감히 움직이셨다.

전하께서는 "신하들의 의견을 중요하게 여기는 소통의 임금이 되겠다."라고 하시며 새 왕조의 개혁 의지를 드러내셨다.

태조 이성계가 조선의 첫 번째 왕이 되었어요. 태조는 나라의 기틀을 잡는 데 정도전의 도움을 많이 받았어요. 우선 고려 왕조의 터전이었던 개경을 떠나 한양(서울의 옛 이름)으로 도읍지를 옮겼지요. 한양의 동쪽에는 흥인지문, 서쪽에 돈의문, 남쪽에 숭례문, 북쪽에 숙정문을 만들고 성을 쌓았어요. 성 안쪽에는 궁궐과 관청을 만들고 길을 닦아 백성들이 살 터전을 마련했어요.

| 전하 | king@joseon.co.kr |

전하! 조선의 첫 번째 왕이 되신 것 감축드리옵니다.

전하께서 조선에 대한 모든 계획을 저와 함께 논의하시니 성은이 망극하여 몸 둘 바를 모르겠습니다.

저는 조선을 계획하며 조선을 왕이 아닌 신하가 중심이 되는 나라로 만들겠다고 다짐했습니다. 좋은 신하가 좋은 왕을 만들고 나라를 윤택하게 하기 때문입니다.

경복궁의 가장 중심 건물의 이름은 '근정전'이지요. 근정전이란 '임금이 근면해야 하는 장소'라는 뜻입니다. 이곳에서 임금과 신하가 나랏일에 대해 의견을 나누고 논의할 것입니다. 능력 있는 신하들과 머리를 맞대셔야만 합니다.

고려가 타락한 것은 불교가 타락했기 때문입니다. 따라서 조선을 다스리는 바탕으로 불교 대신 유교를 택하십시오. 유교란 공자의 가르침을 바탕으로 어질고 바른 정치, 효와 예절의 실천을 중요하게 여기는 사상이니까요.

어진 임금이 되신다면 경복궁이라는 이름 뜻대로 대대손손 큰 복을 누릴 것입니다.

— 전하의 영혼의 짝꿍, 정도전 올림

경복궁 근정전

- 조선 건국의 일등 공신은 정도전이었구나!
- 정도전, 이성계 뒷바라지한 썰 푼다.
- 경복궁이라는 이름도 정도전이 지은 거였다니.
- 경복궁은 '큰 복을 누릴 궁궐'이라는 뜻이야.
- 고려 말, 승려들과 귀족들이 많은 재산을 차지하고는 세금도 제대로 내지 않았대.
- 그런데 조선 건국을 위해 정몽주까지 죽인 이방원은 뭘 하기에 조용할까?

스타★실록

정도전
(1342~1398)
이성계의 왼팔,
조선의 기획자

고려 말 조선 초 정치인 겸 학자. 부패한 고려를 뒤엎고 새 나라를 세우자고 주장했던 혁명가다. 당시 무인 출신인 이성계에게는 지혜가, 정도전에게는 힘이 필요했기 때문에 서로 힘을 합쳤다.

조선을 세울 때 구체적인 계획을 세운 사람도 정도전이다. 정도전의 의견에 따라 경복궁을 짓고, 네 개의 문을 세우고, 성을 쌓고, 도로를 건설해 한양은 도읍지로서 면모를 갖추게 되었다.

정도전은 왕이 중심이 아닌 신하가 중심인 나라를 세워야 한다고 주장했다. 또한 불교를 억누르고 유교를 나라의 바탕으로 삼도록 했다. 조선의 뿌리가 되는 정치적·학문적 사상은 이처럼 모두 정도전의 머리에서 나왔다.

스타★실록

태조 이성계
(재위 1392~1398)
조선을 세운 사람
그게 바로 나야 나!

이성계의 할아버지는 함경도에 자리를 잡고 세력을 키워 그 지방을 휘어잡는 호족이 되었다. 이성계의 아버지는 고려의 장수로서 큰 군대를 이끌며 공민왕을 도왔다. 이성계도 최영과 함께 나라 곳곳에서 홍건적과 왜구를 토벌해 고려 최고의 장군으로 이름을 떨쳤다.

이성계는 우왕과 최영의 명령으로 요동 정벌에 나섰으나 1388년 위화도에서 군사를 돌려 우왕과 최영을 끌어내렸다. 고려 최고 권력자가 된 이성계와 신진 사대부들은 부패한 고려를 개혁하려 했다.

고려 말에는 귀족이 너무 많은 땅을 차지해 문제가 되었다. 이성계는 이 땅을 나라의 땅으로 되돌리거나 원래 주인에게 돌려주었다. 이를 '과전법'이라 한다. 과전법으로 나라 재정을 정비하고 백성의 지지를 얻어 권력을 더욱 튼튼히 했다. 1392년 결국 신진 사대부의 도움을 받아 새 나라 조선을 세우고 조선의 첫 번째 왕이 되었다.

왕자들의 싸움

　이방원은 아버지인 태조 이성계와 정도전을 도와 조선을 세우는 데 많은 공을 세웠어요. 하지만 조선이 세워진 후에는 막내아우 이방석이 세자가 되는 것을 지켜봐야 했지요. 불만을 품은 이방원은 자신의 군사를 동원해 정도전 무리와 이복형제인 이방석, 이방번을 없애 버렸어요. 이를 제1차 왕자의 난이라고 해요.

　태조의 넷째 아들 이방간도 왕의 자리를 탐내고 있었어요. 이방간과 이방원의 싸움인 제2차 왕자의 난에서도 이방원이 승리했지요. 이렇게 조선 왕의 자리를 놓고 왕자들은 피 튀기는 싸움을 벌였어요. 최종 승리자는 이방원. 이제 조선에서 이방원을 위협할 사람은 아무도 없었습니다.

　태조는 충직한 신하였던 정도전과 여러 아들을 이방원에게 잃고 말았어요. 크게 상심한 이성계는 왕의 자리를 내놓고 물러났어요.

> 세자는 왕 자리를 이어받을 왕자를 말하지?

> 난 이방원을 이해해! 앞장서서 아버지를 도왔건만!

> 이방원은 제1차 왕자의 난에서 이기고도 자신이 아닌 형 이방과를 왕으로 세웠대.

> 형제가 권력을 놓고 서로 칼부림을 하다니ㅠㅠ

> 홍건적과 왜구를 무찌르고 조선을 세운 태조건만, 마지막은 참 씁쓸한걸.

제2대 정종

연관 검색어 ⚠ 제1차 왕자의 난 – 제2차 왕자의 난

주요 사건 ▼

제1차 왕자의 난
이성계 여덟째 아들 이방석이 세자가 됨
➡ 이방원이 군사를 거느리고 이방석, 이방번, 정도전을 죽임 ➡ 이방과가 조선의 두 번째 왕 정종이 됨

제2차 왕자의 난
이성계의 넷째 아들인 이방간이 왕위를 노림
➡ 이방간이 이방원을 상대로 난을 일으킴
➡ 승리한 이방원이 왕이 됨

정종
재위 1398~1400

▼1398

제1차 왕자의 난이 일어나 이방원이 권력을 잡다.
정종이 조선의 두 번째 왕이 되다.

▼1399

도읍을 한양에서 다시 개경으로 옮기다.

정종 가계도와 제1·2차 왕자의 난 ▼

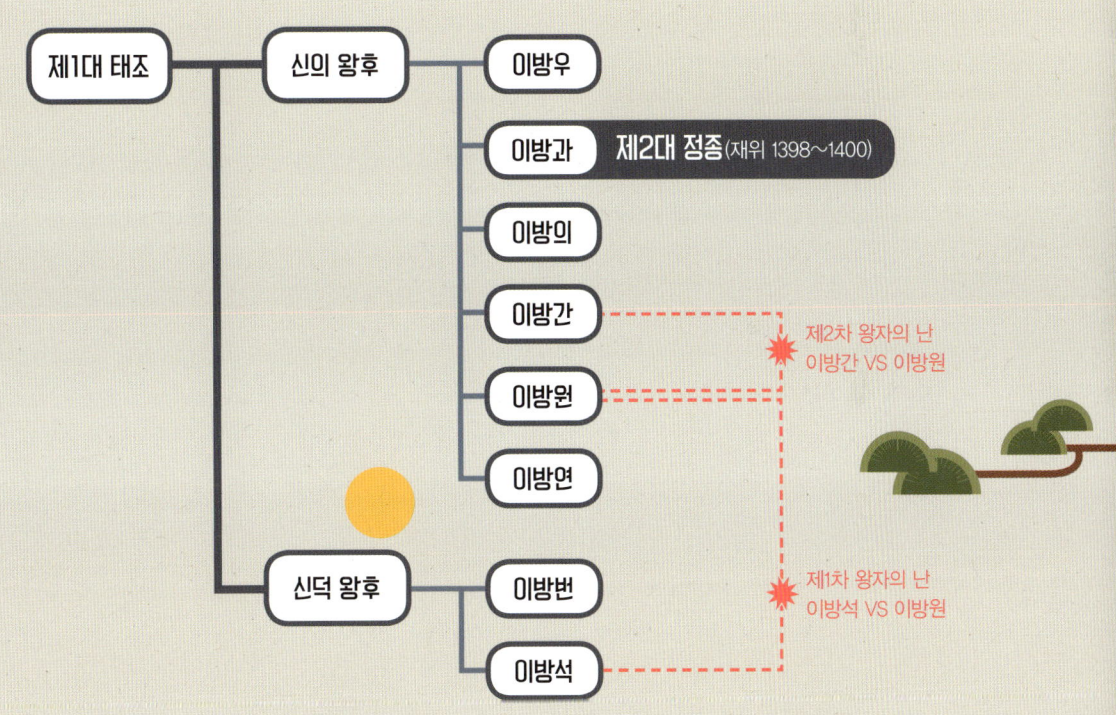

▼ 1400

제2차 왕자의 난이 일어나다.
승리한 이방원이 조선의 세 번째 왕이 되다.

▼ 1419

정종 승하하다. 후릉에 묻히다.

동생 대신 왕이 되다

> 맞아. 이방원은 정몽주를 찾아가기도 했잖아.

> 첫째 이방우는 병으로 일찍 세상을 떠났대.

> 태조의 두 번째 부인인 신덕 왕후가 자신의 아들 이방석을 세자로 민 듯.

> 신진 사대부의 센터였던 정몽주, 정도전이 모두 이방원에게 죽었네…….

이성계와 정도전을 가장 열심히 도운 사람은 다섯째 아들 이방원이었어요. 하지만 조선이 세워진 후에 이복동생인 막내 방석이 세자가 되는 모습을 지켜봐야 했지요. 이 상황에 불만을 품은 이방원은 자신이 거느리던 군대를 동원해 정도전과 이복동생인 이방석, 이방번을 없앴어요. 이를 제1차 왕자의 난이라고 하지요.

이방원은 왕의 자리를 탐내느라 형제를 죽였다고 손가락질 받고 싶지 않았어요. 그래서 바로 왕이 되지 않고 형인 이방과를 왕으로 세웠지요. 동생에게 떠밀려 왕이 된 조선의 두 번째 왕이 바로 정종이에요. 정종은 왕위에 있었던 2년을 위태롭게 보냈습니다.

스타★실록

정종 이방과
(재위 1398~1400)
왕? 그게 뭣이 중헌디!

태조의 둘째 아들이자 조선의 두 번째 왕. 아버지 태조와 함께 전쟁터를 누빈 장군이었다. 조선 건국 후 제1차 왕자의 난이 일어나 이방원이 권력을 잡았다. 하지만 이방원은 왕이 되기 위해 형제의 목숨을 빼앗았다는 비난을 피하려고 형인 이방과를 왕으로 세웠다. 정종이 왕이었지만 조선 최고 권력은 동생인 이방원에게 있었다.

정종은 중요한 나랏일은 이방원에게 맡겼다. 제2차 왕자의 난이 일어나자 더욱 숨죽였다. 동생인 이방원을 아들 삼아 세자로 세우기까지 했다. 정종 이방과는 결국 2년 2개월 만에 이방원을 왕의 자리에 올리기 위해 스스로 왕의 자리에서 물러나야 했다.

제3대 태종

연관 검색어 ⚠ 왕권 강화 - 신문고 - 의정부와 6조 - 호패법 - 전국 8도

태종
재위 1400~1418

업적 ▼

왕권 강화

나라의 기초를 다시!
"강한 왕이 강한 나라를 만든다."

의정부와 6조
행정 기관과 부서 개편

신문고 설치
"억울한 백성은 북을 두드려라!"

호패법 실시
호패 = 조선의 주민 등록증(단, 여성과 노비 제외)

행정 구역 정비
전국을 8도로 나누어 관리

▼**1367**
이성계의 다섯째 아들로 태어나다.

▼**1392**
조선이 세워지다.

▼**1398**
제1차 왕자의 난을 일으켜 이방석, 이방번, 정도전을 죽이다.

▼**1400**
제2차 왕자의 난 이후 정종의 뒤를 이어 조선의 세 번째 왕이 되다.

태종 가계도 ▼

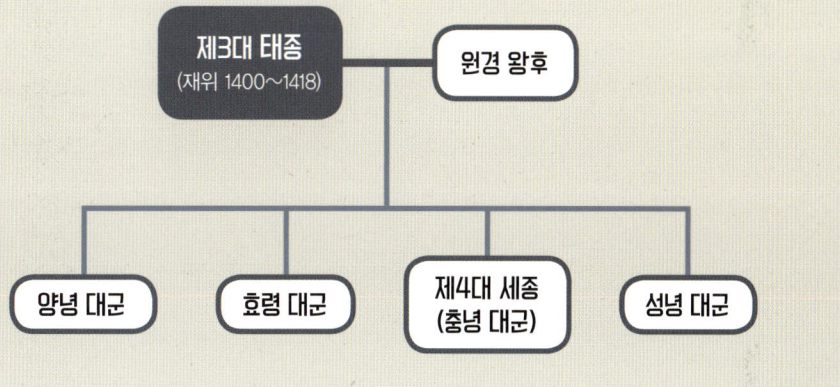

▼1401
백성의 억울한 사연을
듣기 위해 궁궐 밖에
신문고를 설치하다.

▼1405
창덕궁을
완성하다.

▼1413
호패법을
실시하다.

▼1422
태종 승하하다.
헌릉에 묻히다.

왕권을 키워야 나라가 바로 선다

🏛 신하 중심의 조선을 만들겠다는 정도전의 뜻이 이대로 사라지는가?

😐 정도전이 무덤 속에서 땅을 치는 소리가 들린다.

😀 왕 튼튼 나라 튼튼!

🏛 태종은 개인이 병사를 거느리지 못하도록 했대. 왕 말고는 아무도 힘을 기르지 못하게 한 거지.

😊 태종이 왕권을 강화했기 때문에 뒤이은 왕들이 좀 편했을 거야.

😀 후손을 위해 악역을 맡겠다? 태종 좀 멋진 듯!

😄 나 영의정, 우의정 같은 거 사극에서 봤음.

😐 왕에게 직접 나랏일을 보고하면 나라는 왕 중심으로 돌아가겠군!

아직은 혼란스러운 조선 초기, 태종은 강력한 왕권으로 나라를 바로잡으려고 했습니다. 왕권을 강화하기 위해서 나라의 제도를 새롭게 할 필요가 있었어요. 그래서 태종은 조선 최고 행정 기관인 '의정부'를 설치했어요. 의정부는 관리의 우두머리인 정승(영의정, 우의정, 좌의정)의 회의 기관이에요.

의정부 아래에는 '6조'를 두었어요. 이조(행정안전부), 호조(기획재정부), 예조(문화체육관광부·외교부), 병조(국방부), 형조(법무부), 공조(국토교통부)의 6조가 왕에게 직접 나랏일을 보고하게 했지요.

또한 어지럽게 관리되던 전국을 8도로 정비하고 방방곡곡에 관리를 파견해 백성을 살폈어요. 호패법도 실시해 백성과 세금, 토지를 관리했지요. 이로써 나라의 정치와 경제를 안정시킬 수 있었어요.

의정부와 6조 조직도

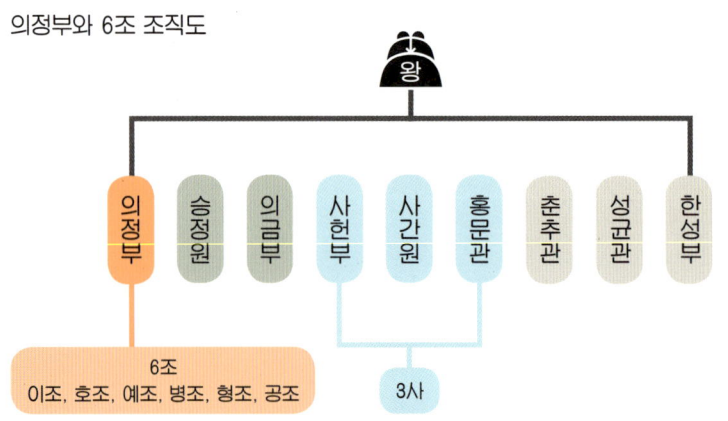

전하일보　　　　　　　　　　　　　1413년 태종 13년
───────────────────────────────

호패법 실시 – 16세 이상 남성 의무화

전하의 명에 따라 조선의 16세 이상 남자라면 신분에 상관없이 모두 호패를 몸에 차고 다녀야 한다. 호패에는 나이, 생년월일, 신분, 과거 급제 유무 등을 상세히 기록하고 노비의 호패에는 생김새와 주인의 이름까지 자세히 적어 넣어야 한다. 호패법은 조선 전국에 세금을 낼 수 있는 백성을 파악해 관리하기 위한 정책으로 보인다.

나라 살림살이를 보살피기 위한 것이니 높으신 관리께서 호패를 보여 달라고 요구할 경우 군말 없이 따라야 한다.

💬 조선 시대의 주민 등록증 같은 거네.

💬 신분이 높으면 상아나 뿔로 호패를 만들기도 했다나 봐.

💬 세금을 잘 걷어야 왕실이 권력을 유지할 수 있겠지?

　└ 💬 윗 님 반박 불가. 배고픈 호랑이는 힘을 쓸 수 없지.

스타★실록

태조의 다섯 번째 아들. 조선을 세우는 데 가장 큰 힘을 보탰지만 세자의 자리에서 밀려나는 굴욕을 겪었다. 이후 제1·2차 왕자의 난에서 힘으로 승리하고 조선의 세 번째 왕이 되었다. 힘겹게 왕이 된 만큼 왕의 자리를 지키기 위해 큰 결단력을 보였다. 심지어 왕자의 난을 함께했던 신하들이 힘이 점차 커지자 그들마저 귀양 보냈다.

한편, 강력한 왕권을 바탕으로 제도를 정비해 조선의 정치와 경제를 안정시키고, 백성의 생활도 개선했다. 태종이 왕권을 다져 놓아 다음 왕들은 조선의 어진 임금으로 이름을 남길 수 있었다.

태종 이방원
(재위 1400~1418)
나, 조선의 절대 권력 태종!

제4대 세종

연관 검색어 ⚠ 집현전 — 훈민정음 — 장영실

업적 ▼

왕권과 신권의 조화	집현전 설치, 학자 발굴·지원, 경연 활발
과학 발전	자격루, 앙부일구, 혼천의, 측우기 등 발명
훈민정음 창제	백성을 위한 훈민정음 창제·반포
국방 강화	4군 6진 개척·대마도 정벌

세종
재위 1418~1450

자격루 ▶

▼1418 조선의 네 번째 왕이 되다.

▼1419 이종무가 대마도를 정벌하다.

▼1420 집현전을 설치하다.

▼1429 『농사직설』을 편찬하다.

▼1434 자격루를 발명하다.

세종 가계도와 세종의 신하 ▼

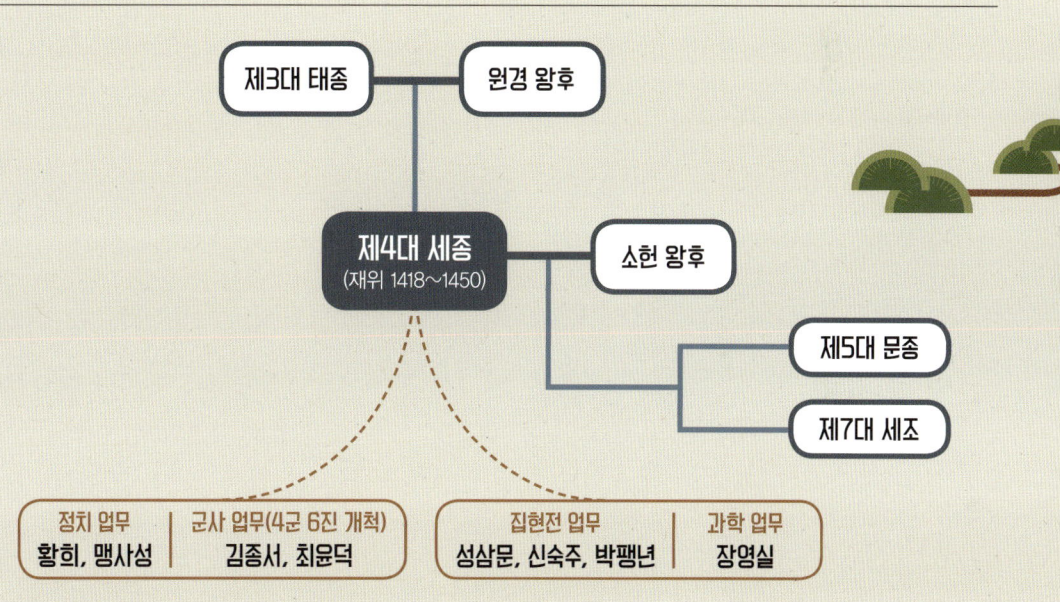

▼1441 측우기를 발명하다.

▼1443 훈민정음을 창제하다.

▼1445 훈민정음으로 쓴 『용비어천가』를 편찬하다.

▼1446 훈민정음을 반포하다.

▼1450 세종 승하하다. 영릉에 묻히다.

왕 중의 왕, 세종대왕

😀 '대왕'이라는 칭호가 붙은 임금은 세종대왕뿐!

😀 세종대왕의 이름은 이도, 세자명은 충녕.

😀 세종은 유명한 책벌레야.

이도는 어릴 때부터 학문에 열의가 높고 성품이 인자했어요. 태종은 가장 아낀 아들 이도를 조선의 네 번째 왕으로 세웁니다. 그가 바로 조선 왕 가운데서도 으뜸으로 평가받는 세종대왕입니다.

세종은 아버지와 달리 신하의 능력을 인정하고 신하의 의견을 존중했어요. 여러 분야에서 뛰어난 학자들을 뽑아 집현전에서 학문에 전념하도록 했지요. 또한 집현전에서 매일 경연을 열어 신하들과 함께 학문과 나랏일에 대해 열띤 논의를 펼쳤습니다.

😀 너무 책만 읽는 걸 걱정해서 아버지인 태종이 책을 못 읽게 하기도 했대.

😀 경연은 왕과 신하가 함께 열심히 공부하고 토론하는 자리야. 정책도 만들지.

😀 매일 공부에, 토론에…… 왕과 신하들 중 누가 더 괴로웠을까?

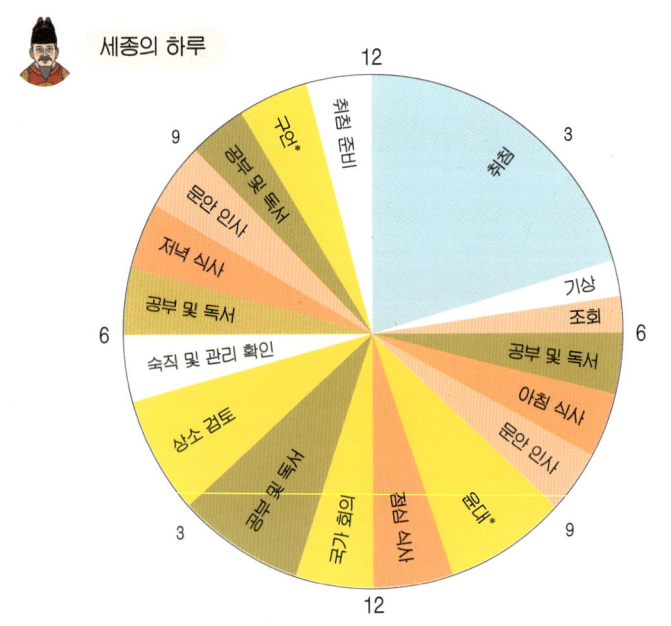

*윤대: 하위 관료와 대화하며 의견을 들음   *구언: 신하와 백성의 상소문을 받고 검토

나라를 두루두루 살피다

훈민정음 창제, 측우기와 자격루 발명, 대마도 정벌, 세금 개혁 등 세종의 빛나는 업적들은 모두 한마음에서 출발했어요. 바로 백성을 사랑하는 마음이에요. 백성이 잘 살기 위해 왕이 해야 하는 일을 계속 연구했고, 실력 있는 신하에게 기꺼이 도움을 청했지요. 능력이 있다면 일할 수 있도록 신분을 가리지 않고 지원하기도 했어요. 세종이 백성을 사랑했던 마음은 『세종실록』에도 잘 나타나 있습니다.

> 🧒 아버지인 태종이 조선의 기초를 다져 놓아 세종이 마음껏 뜻을 펼칠 수 있었을 거야.

> 👧 신분 상관없이 모든 백성을 사랑하는 임금이라니. 멋짐이 샘솟는다.

> 😎 나도 엄지 척!

> 노비는 비록 천민이나 이들 또한 하늘이 낸 백성이다.
> 백성은 나라의 근본이니 근본이 튼튼해야만 나라가 평안하게 된다.

스타★실록

노비 출신이지만 뛰어난 손재주가 눈에 띄어 궁에서 기술자로 일했다. 그의 재주를 눈여겨보았던 세종은 조선보다 문물이 더 발전한 곳에서 앞선 기술을 배울 수 있도록 장영실을 명나라로 유학 보내기도 했다. 또한 세종은 장영실의 실력을 높이 평가해 신하들의 반대를 물리치고 벼슬도 내렸다.

세종의 든든한 지지를 받으며 장영실은 물시계인 자격루, 해시계인 앙부일구, 천체 관측 기구인 혼천의, 하천 물의 높이를 잴 수 있는 수표 등을 발명해 조선의 과학 발전을 이끌었다.

장영실
(?~?)
조선 최고의 과학자

- 왜구의 침략으로 백성들이 고통받는 걸 막으려 한 거야.

- 4군 6진을 설치하면서 생긴 국경선이 우리나라 땅 모양이 되었어.

- 천재 음악가 박연에게 궁중 음악을 체계적으로 정리하라고 시켰대.

  ㄴ 악기 '편경'을 보완해 다시 만든 사람도 박연이야.

- 국방·과학·문화·예술 모든 분야에서 백성의 삶이 나아지길 바라는 그 마음!

- 백성, 백성, 백성! 백성밖에 모르는 바보…….

전하의 소식지 ▼

▲ 편경

대마도 정벌
우리나라를 숱하게 침략한 왜구들, 이제는 조선 땅 대마도에 얼씬도 못해
이 시각 주요 소식

4군 6진 개척
김종서 장군, 여진족과 맞서며 4군과 6진을 설치. 조선 국경선이 달라져
발품 소식

악보 정리
음악가 박연이 우리 음계를 정리하고 예부터 전해 내려온 곡의 악보를 편찬해
생활/문화

뜨거운 소식 ▼

▲ 『삼강행실도』　　▲ 측우기

『농사직설』, 『향약집성방』, 『삼강행실도』 등 다양한 분야의 책 편찬
『삼강행실도』는 조선 도덕책. 신하는 임금에게 충성을, 자식은 어버이에게 효도를, 아내는 남편에게 사랑과 존중을 다하라는 내용. 그림이 풍부해 평민과 아이들도 읽기 편해
오늘의 문헌

과학 발전
장영실이 다양한 기구를 발명. 과학 발전에 이어 농업 기술도 발달. 수확량도 늘어
농경/과학

오로지 백성을 위한 종묘 앞에 해시계 앙부일구 설치 완료 이제 백성들도 시각을 알게 되었소!

백성을 위해 만든 글, 훈민정음

세종은 신하들과 함께 다양한 분야에서 연구하고 연구 내용을 책으로 많이 펴냈어요. 이 당시는 우리글이 없어 중국의 한자를 빌려 쓸 때였어요. 백성은 어려운 한자를 익히지 못하니 책이 있어도 읽을 수가 없었지요.

세종은 백성이 쉽게 읽고 쓸 수 있는 글자를 만들기로 했어요. 나랏일은 세자에게 맡기고 집현전 학자들과 함께 글자를 연구했지요. 그리하여 1443년 훈민정음을 만들었어요. 훈민정음은 '백성에게 가르치는 바른 소리'라는 뜻이에요.

 책벌레 세종은 책 못 읽는 백성이 얼마나 안타까웠을까?

 '한글'은 1900년대에 국어학자 주시경이 훈민정음에 붙인 이름이야.

 신하들은 세종이 만든 글자에 반대했대.

 백성들이 글을 익혀 아는 게 많아지면 나랏일에 참견하려 해서 골치가 아파진다나 뭐라나.

세종대왕
1446년 9월

나라의 말씀이 중국과 달라 문자로 서로 통하지 않는다. 이에 백성이 말하고자 하는 것이 있어도 뜻을 펴지 못하는 경우가 많다. 내가 이를 가엾게 생각하여 새로 스물여덟 글자를 만드니 사람들이 쉽게 익혀 편리하게 쓰기를 바란다.

#훈민정음 #백성에게_가르치는_바른_소리 #자음_17개_모음_11개

영의정 전하, 백성이 글을 읽어 아는 게 많아지면 나랏일에 참견하려 들 것입니다. 그 일을 어찌 감당하려고 이러십니까?

좌의정 전하, 중국을 따르지 않는다고 중국의 미움을 사면 어찌하시렵니까?

@영의정 @좌의정 대신들은 중국의 신하요, 조선의 신하요? 조선의 신하가 조선 백성을 생각하지 않는다면 대체 누가 조선 백성을 생각한단 말이오?

스타★실록

집현전 학자들

세종대왕의 사랑과 믿음을 한 몸에!

　세종은 고려 때부터 있던 집현전을 국가 기관으로 다시 세웠다. 집현전은 뛰어난 학자들이 학문에 몰두할 수 있는 장소였다. 집현전 학자들은 역사·지리·의학 등 다양한 분야를 연구해 결과를 책으로 펴냈다. 왕이 올바른 정치를 펼칠 수 있도록 왕을 교육하는 '경연'도 집현전 학자들이 맡았다.

　집현전 학자 가운데서도 능력이 뛰어났던 성삼문, 정인지, 신숙주, 최항, 이개 등은 세종을 도와 훈민정음을 창제했다. 세종이 많은 업적을 남길 수 있었던 이유는 집현전의 뛰어난 학자들을 크게 아끼고 그들이 학문에 몰두할 수 있도록 지원해 주었기 때문이다.

　세종과 집현전 학자들의 관계에 대해 다음과 같은 이야기도 전한다. 밤이 늦도록 집현전에 불이 꺼지지 않아 세종이 들르니, 신숙주가 책상에서 꾸벅꾸벅 졸고 있었다. 이 모습을 본 세종은 입고 있던 옷을 벗어 신숙주에게 덮어 주었다. 이 이야기가 널리 퍼지면서 많은 학자가 감동해 더욱 학문에 몰두했다고 한다.

스타★실록

황희와 맹사성

(황희 1363~1452)
(맹사성 1360~1438)
조선 초 이름난 정치인

　황희는 고려 말부터 벼슬을 지낸 오랜 경력의 정치인이다. 자신의 의견을 주장할 때는 왕 앞에서도 굽히지 않았다. 정치인으로서 능력이 뛰어났고 인품이 원만했다. 태종은 황희를 깊이 신뢰해 아들인 세종에게 황희를 추천하기까지 했다. 세종 역시 영의정이었던 황희를 가까이 두고 의견을 구했다. 황희는 무려 87세까지 벼슬에 있으면서 세종을 도와 나라의 중요한 일들을 이끌어 갔다.

　맹사성도 세종 때 우의정으로 있으며 청백리(淸白吏, 재물 욕심 없이 곧고 깨끗한 관리)로 이름을 떨친 뛰어난 신하이자 학자다. 음악적 능력도 뛰어나 악기를 만들어 즐기기도 했다.

스타★실록

박연은 고구려의 왕산악, 신라의 우륵과 함께 우리나라 음악사에 뛰어난 업적을 남긴 인물이다. 어릴 때부터 악기 다루는 솜씨 등 음악적 재능이 뛰어났다. 28세였던 박연은 태종 때 과거에 급제해 벼슬에 올랐다. 이후 세종이 즉위해 박연의 음악적 재능을 알아보았다.

세종은 박연에게 각종 국가 행사에서 연주하는 음악을 새롭게 정리하라는 과제를 주었다. 그리하여 세종 때 처음으로 궁중 음악인 아악이 완성되었다. 박연은 세종의 아낌없는 지원을 토대로 다양한 음악을 악보로 정리해 편찬하고, 편경 등 악기도 제작했다. 박연은 조선의 음악 발전을 크게 앞당긴 음악가로 역사에 남았다.

박연
(1378~1458)
조선의 절대 음감

스타★실록

아버지 태종이 강한 왕권으로 이룩한 단단한 토대 위에서 세종이 조선의 네 번째 왕이 되었다. 집현전을 다시 세웠고 조선 최고의 인재를 모아 집현전에서 학문을 함께 연구했으며 갈고닦은 학문은 나라 정책에 반영했다. 집현전에서 편찬한 다양한 분야의 책은 조선의 학문과 문화를 꽃피웠다.

세종은 백성들이 수확량을 높일 수 있도록 농사에 필요한 과학 기술을 발전시켰다. 신분 제약 없이 실력을 펼칠 수 있도록 노비 출신 과학자 장영실에게 벼슬을 주는 등 파격적인 지원을 아끼지 않았다. 그 밖에도 교통·형법·세금 등 여러 제도를 만들기도 했다.

우리 민족의 가장 위대한 발명품인 훈민정음, 즉 한글을 발명해 백성들도 글을 익히고 쓸 수 있게 했다. 백성이 없으면 나라도 임금도 있을 수 없는 법. 세종은 자나 깨나 백성이 잘 살기만을 바라 백성을 위해 일하는 왕이었다. 세종이 다양한 분야에서 눈부신 성과를 이룬 것은 모두 하나의 마음, 즉 백성을 사랑하는 마음 때문이었다.

세종 이도
(재위 1418~1450)
천 년에 한 번 나올까 말까 한 성군

제5대 문종

연관 검색어 ⚠ 세종대왕 아들 - 짧은 재위 기간

문종
재위 1450~1452

문종 가계도 ▼

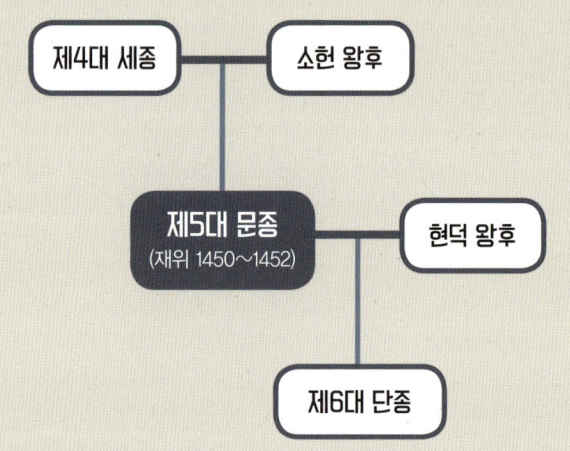

- 제4대 세종 — 소헌 왕후
- 제5대 문종 (재위 1450~1452) — 현덕 왕후
- 제6대 단종

▼1450
조선의 다섯 번째 왕이 되다.

▼1451
화차(수레처럼 끌 수 있는 화약 무기)를 직접 설계하고 완성하다.

▼1452
문종 승하하다. 현릉에 묻히다.

젊은 왕, 피기도 전에 지다

문종은 아버지 세종을 많이 닮아 다양한 분야의 학문을 탐구했어요. 30년이나 이어졌던 세자 시절, 아버지를 적극적으로 도우며 세종의 주요 업적들이 세상에 나가는 데 큰 역할을 했지요. 그 가운데서도 측우기는 문종의 아이디어로 만들어진 발명품이에요. 흔히 장영실이 발명했다고 알고 있지만 『세종실록』을 보면 문종이 측우기 발명을 주도했다는 것을 알 수 있지요. 측우기로 강수량을 정확히 파악하니 농사에 큰 도움이 되었답니다.

세종은 세자였던 문종에게 나랏일을 맡기기도 했어요. 문종은 아버지 대신 나랏일도 돌보며 세자로서 착실하게 왕이 될 준비를 했지요. 그러나 문종은 몸이 허약했어요. 병치레가 잦더니, 왕이 된 지 2년 만에 세상을 떠났습니다.

😊 그 아버지에 그 아들이네.

🙂 우리 엄마가 아빠와 나한테 하는 말인데.

😎 조선의 측우기는 서양 최초의 측우기보다도 200여 년이나 먼저 발명된 거래.

😊 왕이 병이 들거나 나이가 들어 나랏일을 돌볼 수 없을 때 세자가 대신 나랏일을 하는 걸 대리청정이라고 해.

세종의 첫째 아들. 학문·천문·무예 등 여러 방면에 자질이 있었다. 세자로서 약 30년 동안 아버지 세종을 크게 도왔고, 세종 재위 막바지 8년 동안에는 병든 아버지 대신 나랏일을 도맡아 했다. 그러나 오래 병을 앓은 탓에 왕으로서 뜻을 채 펼치지 못하고 왕이 된 지 2년 3개월 만에 눈을 감고 말았다. 장영실이 발명했다고 알려진 측우기는 사실 세자 시절 문종의 발명품이다. 왕이 된 후에는 우리나라와 중국 간 전쟁을 정리한 『동국병감』, 고려 역사서인 『고려사』를 펴냈다.

스타★실록

문종 이향

(재위 1450~1452)
측우기 발명의
일등 공신은 나 문종!

제6대 단종

연관 검색어 ! 아빠 문종 – 할아버지 세종 – 수양 대군 – 김종서 – 한명회 – 사육신과 생육신

주요 사건 ▼

계유정난	수양 대군이 조카 단종을 몰아내고 왕이 되려 한 사건

인물 ▼

단종 편	김종서, 황보인	"단종을 끝까지 지키리라!"
	사육신과 생육신	"세조를 왕으로 섬기느니 목숨을 내놓으리."
세조 편	한명회	"염려 마십시오. 제가 싹 정리하겠습니다."
	신숙주	"내가 배신의 아이콘?!"

재위 1452~1455

▼ 1452

조선의 여섯 번째
왕이 되다.

▼ 1453

계유정난
발생하다.

▼ 1454

정순 왕후와
혼인하다.

단종 가계도 ▼

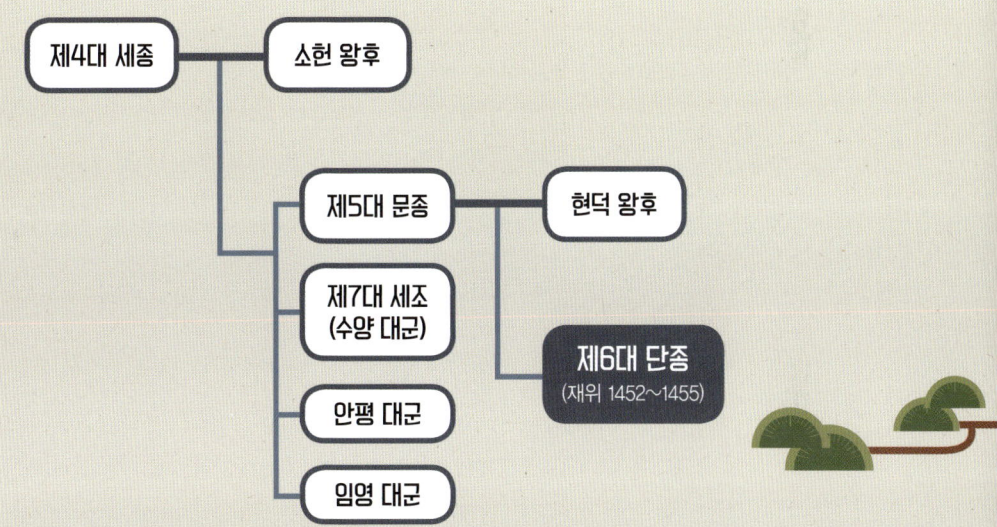

▼1455
수양 대군에게
왕위를 넘기다.

▼1456
성삼문, 박팽년 등이
단종 복위 운동을 계획하다
발각되어 처형되다.

▼1457
단종, 유배지에서
승하하다.
장릉에 묻히다.

불안불안 어린 왕

💬 세종은 하나뿐인 손자 단종을 엄청 예뻐했대.

문종이 일찍 세상을 떠나고 열두 살의 어린 단종이 왕이 되었어요. 문종은 홀로 남을 어린 아들이 걱정되어 세상을 떠나기 직전에 신하인 김종서, 황보인 등에게 단종을 부탁한다고 유언을 남겼습니다. 이에 따라 어린 왕 대신 김종서가 나랏일을 처리했지요.

당시에는 신하를 뽑을 때 후보의 이름을 쓴 종이를 왕에게 올렸어요. 왕이 그 가운데 능력 있는 신하를 뽑을 수 있도록요. 김종서 무리는 이를 이용해 자신이 뽑고 싶은 사람의 이름에 노란 점을 찍어 왕에게 올렸습니다. 어린 단종은 김종서 무리의 뜻대로 노란 점이 찍힌 사람을 뽑았다고 하지요. 김종서는 이와 같은 방법으로 어린 왕의 뒤에서 자신의 힘을 점점 키웠어요.

💬 단종이 태어나고 얼마 후 단종의 어머니 현덕 왕후가 세상을 떠났어. 열 살에 할아버지를 여의고 열두 살에는 아버지를 떠나보냈지.

💬 얼마나 외로웠을까······.

💬 왕에게 충직해야 할 신하들이 너무 자기 욕심만 차린 듯.

실시간 급상승	DataLab. 급상승 트래킹 ›
1~5위	6~10위

1 전하 승하
2 단종 열두 살
3 전하 유언
4 우의정 김종서, 영의정 황보인
5 조선 날씨

연관 검색어 [!] 세종 문종 단종 문종 작은아버지 수양 대군
              전하 나이 호랑이 김종서   더 보기 ▼

"작은아버지, 살려 주세요!"

김종서가 세력을 키우는 동안 조용히 칼을 갈던 사람이 있었어요. 세종의 둘째 아들이자 단종의 작은아버지인 수양 대군입니다.

1453년 계유년, 수양 대군은 사람을 시켜 김종서를 없앴어요. '계유년에 어지러운 일을 바로잡음'이라는 뜻의 '계유정난'은 사실 수양 대군이 왕이 되기 위해 김종서와 그 무리를 잔인하게 없앤 사건이에요. 2년 후 단종은 압박에 못 이겨 작은아버지인 수양 대군에게 왕위를 넘겨주었습니다. 수양 대군은 단종을 귀양 보낸 것도 모자라 단종에게 사약까지 내려 왕의 자리를 지키려 했습니다.

- 살벌하다, 살벌해.
- 호랑이로 불리던 김종서가 크게 뒤통수 맞음.
- 손에 피를 묻혀 왕이 된 게 마치 태종 이방원을 보는 것 같아.
- 단종이 옥새를 수양 대군에게 넘겨줄 때 집현전 학자 성삼문이 통곡했대.

스타★실록

세종의 손자이자 문종의 외아들. 문종은 형제인 수양 대군과 안평 대군의 야심을 눈치채고 신하들에게 단종을 잘 지키라는 유언을 남겼다. 유언에 따라 어린 단종 대신 나랏일을 돌보던 김종서는 신하를 뽑는 일 등에 개입하며 힘을 다졌다.

김종서의 권력이 커지는 것을 못마땅하게 여기던 수양 대군은 계유정난을 일으켜 김종서와 그 일당을 없애고 권력을 손에 쥐었다. 단종은 열두 살 어린 나이에 왕위에 올라 힘 한 번 써 보지 못했다. 김종서의 그늘에서, 작은아버지인 수양 대군의 그늘에서 숨죽이며 지내야 했다. 결국 왕이 된 지 3년여 만에 수양 대군에게 왕의 자리를 넘겼다. 강원도 영월에서 유배 생활을 하다가 수양 대군에 의해 목숨을 잃었다.

단종 이홍위

(재위 1452~1455)
할머니, 할아버지, 어머니, 아버지 보고 싶어요

사육신과 생육신

😀 집현전 학자들은 세종에게 극진한 사랑을 받았기 때문에 더욱더 수양 대군의 행동을 참기 힘들었을 거야.

🏛 집현전 학자였던 신숙주는 수양 대군의 편이 되었어.

👦 그래서 맛이 금방 변하는 녹두나물을 '숙주'라고 부르게 된 거래.

수양 대군은 비겁한 방법으로 단종을 몰아내고 왕이 되었어요. 집현전 학자인 성삼문과 박팽년은 이 사태를 두고 볼 수 없었어요. 뜻이 같은 사람들을 몰래 모아 세조를 해치고 단종을 다시 왕으로 세울 계획을 세웁니다. 그러나 계획을 실행하기도 전에 들켜 이들은 모진 고문 끝에 죽고 말았습니다.

단종이 다시 왕이 되길 바라며 목숨을 내놓은 충신들을 '사육신'이라고 불러요. 또한 세조(수양 대군)가 왕이 된 것에 분노하며 벼슬을 내놓고 물러난 사람들을 '생육신'이라고 부른답니다.

스타★실록

사육신과 생육신
폭군 수양 대군 OUT!

성삼문, 박팽년, 유응부, 유성원, 이개, 하위지, 김질은 단종을 다시 왕으로 세우기 위한 계획을 세웠다. 그러나 김질이 일러바친 탓에 모두 끌려가 무시무시한 고문을 받았다. 이들은 지독한 고문 끝에 목숨을 잃거나 형벌을 받아 생을 마감했다. 고문에 시달리면서도 수양 대군을 '전하' 대신 '나리'라고 불렀고, 수양 대군이 왕이 된 후부터 받은 쌀과 돈은 먹지도 쓰지도 않았다고 한다. 이렇게 끝까지 단종에게 충성한 여섯 신하들을 '사육신'이라고 부른다.

한편, 수양 대군이 왕이 된 일에 분노해 벼슬을 내놓고 산속에 숨어 지내거나 눈과 귀가 먼 체하며 세상과 담쌓고 지냈던 김시습, 원호, 이맹전, 조여, 성담수, 남효온을 '생육신'이라고 부른다.

一. 김종서를 제거하라

김종서 사망, 손님인 체 찾아온 수양 대군의 칼에 맞아

문종은 세상을 떠날 때 김종서를 좌의정으로 임명하며 아들인 단종을 간절히 부탁했다. 왕의 뒤를 든든히 지키는 호랑이 김종서. 수양 대군이 왕이 되는 데 가장 큰 걸림돌이었으니 첫 번째 제거 목표가 된 것이 당연하다.

二. 한명회의 살생부

한명회가 산 자와 죽은 자를 가르다

한명회는 김종서가 죽자 신하들을 모두 궁궐로 불렀다. 그는 수양 대군의 편인 사람과 아닌 사람을 적은 종이를 들고 수양 대군 편이 아닌 신하는 모조리 죽였다. 단종을 지지하던 신하들은 하룻밤 사이에 목숨을 잃고 말았다.

三. 세조의 즉위식

단종이 왕의 자리를 넘겨주다

단종은 결국 왕의 자리를 내놓았다. 세조의 즉위식에서 단종의 옥새를 들고 있던 성삼문이 서럽게 울자 세조가 노려보았다. 반면 성삼문과 함께 세종을 보필했던 신숙주와 정인지는 세조를 도와 높은 관직에 올랐다.

四. 부끄러운 줄 알라!

단종을 다시 왕위에 올리지 못하다

단종을 다시 왕위에 올리기 위한 움직임이 몰래 일었으나 발각되어 실패했고, 관련자들은 모두 처형되었다. 성삼문은 모진 고문을 받으면서도 신숙주를 향해 자신들을 아낀 세종을 배신한 자라며 비난했다.

제7대 세조 🔍

연관 검색어 ⚠ 계유정난 – 조카 단종 – 한명회 – 호패법 – 직전법 – 『경국대전』

세조
재위 1455~1468

주요 사건 ▼

계유정난	조카인 단종을 끌어내고 왕이 됨

인물 ▼

단종 편	김종서, 사육신·생육신, 금성 대군
세조 편	한명회, 신숙주, 정인지

업적 ▼

왕권 강화	집현전과 경연 제도 폐지 의정부 기능 약화
제도 개혁	땅을 나누는 새로운 방법, 직전법 백성을 관리하는 호패법 『경국대전』 편찬 지시

▼1453
계유정난을 일으켜 김종서와 그 무리를 없애다.

▼1455
조선의 일곱 번째 왕이 되다.

▼1456
단종을 다시 왕위에 올리려는 운동이 일어나자 관련자를 모두 처형하다. 집현전을 폐지하다.

▼1457
단종을 영월로 유배 보내다.

세조 가계도 ▼

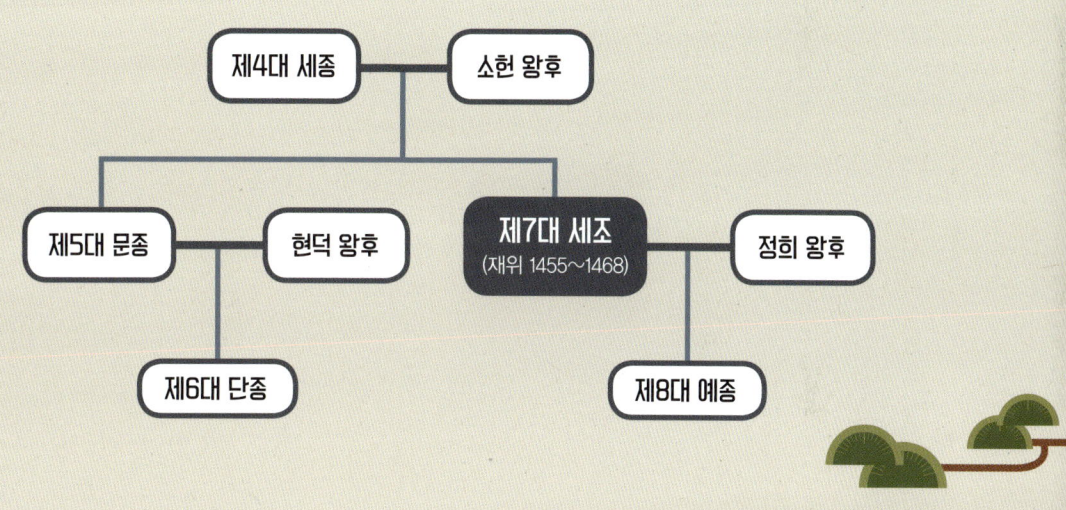

▼1459
시행이 중단되었던 호패법을 다시 실시하다.

▼1461
『경국대전』 편찬을 시작하다.

▼1466
직전법을 실시하다.

▼1468
세조 승하하다. 광릉에 묻히다.

피의 군주

😀 태조에게 정도전이 있었다면, 세조에게는 한명회가 있었어.

😐 한명회는 살생부를 만들어서 세조 편이 아닌 사람은 모두 없애 버렸대.
└ 😐 '데스노트' 생각나ㅠ

세조는 권력을 쥔 김종서와 그 일당, 조카인 단종, 왕의 자리를 노리던 동생들의 목숨까지 가차 없이 빼앗았습니다. 세조는 이렇듯 조선 궁궐에 많은 피를 흩뿌리고 1455년 그토록 바라던 조선의 왕이 되었어요.

왕이 된 후에도 칼부림은 쉽게 끝나지 않았어요. 세조는 단종을 다시 왕위에 올리려는 무리까지 모조리 없애 버렸지요. 이 과정에서 빼놓을 수 없는 인물이 바로 한명회예요. 한명회는 세조 가장 가까이에서 그를 도우며 승승장구합니다.

강한 왕이 되리라

세조는 자신이 저지른 죄를 잘 알고 있었어요. 신하와 백성으로부터 마음을 얻는 방법은 나라를 안정시키고 강하게 만드는 것이라고 생각했어요. 세조는 강한 왕권에 방해가 되는 집현전과 경연 제도를 없애고 의정부의 기능도 줄였어요. 이렇게 강하게 다진 왕권을 바탕으로 직전법과 호패법을 실시해 나라 살림을 늘렸고 국방을 튼튼히 하기 위해 국경 지대에 성을 쌓기도 했어요.

아버지인 세종을 본받아 나라에 필요한 다양한 서적을 편찬하는 일도 게을리하지 않았어요. 특히 세조는 나라의 기본 법전인 『경국대전』을 만들기 시작한 왕이에요. 『경국대전』을 통해 죄를 벌하는 법뿐 아니라 정치·경제·사회 등 조선 사회 전반을 다스리는 기준을 마련하도록 했지요.

> 경연은 신하들과 임금이 함께 공부하는 자리인데, 무서워서 어디 왕을 가르칠 수나 있겠어?

> 호패법은 태종 때 처음 시작했지만 중간에 폐지되기도 했어.

> 정치·경제·문화까지 다 살피려고 했구나.

[속보] 직전법 실시!

오늘 아침 궁에서 기존의 과전법을 대신해 직전법을 시행한다고 알렸다. 지금까지는 퇴직한 신하와 일하고 있는 신하 모두 토지를 받았다. 하지만 직전법이 시행되면 현재 일하고 있는 신하만 토지를 받을 수 있게 된다. 나라 재정을 늘리기 위한 전하의 고민이 묻어나는 부분이다. 퇴직 후 토지에서 나오는 수익을 기대할 수 없게 된 관료들의 반발이 우려된다.

> 🧑 나라를 위해 피땀 흘려 일한 대가가 노후 자금 빼앗기기!
>
> ↳ 🧑 ▶◀ 윗 님 관료세요?

> 그럼 뭐해? 폭군 꼬리표는 떼어 낼 수 없는걸.

스타★실록

세조 이유

(재위 1455~1468)
내 앞을 가로막는 자는 누구라도 벌하라!

세종의 둘째 아들. 병약했던 형 문종과 달리 무예에 뛰어났다. 거침없고 호탕한 성격을 지녔고 사냥, 활쏘기에도 뛰어난 솜씨를 보였다. 단종 때 한명회 등과 함께 계유정난을 일으켰다. 김종서와 그 일당을 없애고 경쟁자였던 안평 대군도 없앤 후 조카 단종을 밀어내고 조선의 일곱 번째 왕이 되었다. 왕이 된 후에도 자신에게 반항하는 세력은 가차 없이 없앴다.

세조는 왕권을 강화하기 위해 여러 가지 제도를 손보았다. 세조 때 조선의 토지·군사 제도가 자리 잡았다. 세조는 조선을 법으로 다스리기 위해 『경국대전』을 편찬하게 했다. 이로써 나라 안팎으로 기틀이 잡히고 백성들의 생활이 점차 안정되었다. 또한 세조는 이전 왕들과 달리 불교를 따르며 불교문화를 발전시켰다.

그러나 온갖 업적에도 불구하고 조카와 형제를 죽여 왕이 되었다는 사실 때문에 비판의 대상이 되고 있다. 둘째 아들을 세자로 세우고 52세에 병으로 세상을 떠났다.

스타★실록

한명회

(1415~1487)
눈치 백단 아첨꾼

명문가에서 태어나고 자랐다. 친구인 권람을 통해 수양 대군이던 세조와 만나 세조의 편이 되었다. 계유정난도 한명회의 계획으로 벌어진 일이었다. 한명회는 수양 대군을 조선의 왕으로 만드는 데 가장 큰 역할을 했다. 살생부를 만들어 수양 대군 편이 아닌 사람의 이름을 일일이 적어 두었다가 가차 없이 죽였다고도 전한다.

세조가 조선의 왕이 되자 더욱 승승장구했다. 왕과 가장 가까이 지내며 벼슬로는 영의정에까지 올랐다. 두 딸을 예종, 성종과 결혼시켜 왕과 사돈이 되면서 조선 권력의 중심이 되었다. 서울의 압구정이 한명회가 노년에 시간을 보내기 위해 지은 정자라고 알려져 있다.

신진 사대부

혁명파 신진 사대부

고려 말기, 새 나라 건설에 찬성하는 혁명파 신진 사대부가 이성계를 앞세워 조선을 세우지요.

온건파 신진 사대부

조선 건국에 반대했던 온건파 신진 사대부는 고려 멸망에 크게 상심했습니다. 따라서 정치에 참여하지 않고 지방으로 내려갔어요. 이들은 지방에서 학문을 닦고 인재를 기르며 세력을 다졌습니다.

훈구파 제7대 세조

세조가 계유정난을 통해 왕이 될 때 세조 편에 선 사람들을 '훈구파'라고 합니다. 훈구파는 조선을 이끌어 가는 중심 세력이 되지요. 권력을 휘두르며 부정부패를 일삼아 문제를 낳기도 했습니다.

사림파 제9대 성종

성종은 지방에서 힘을 키우던 인재를 대거 중앙 정치로 불러들입니다. 이들을 '사림'이라고 해요. 사림파는 훈구파의 독단적인 정치를 비판하고 이를 견제했습니다.

훈구파 VS 사림파
제10대 연산군~제13대 명종

훈구파와 사림파는 여러 차례 큰 갈등을 일으킵니다. 훈구파의 공격으로 사림파가 큰 피해를 입기도 하고(사화), 두 세력이 싸우며 조정을 발칵 뒤집어 놓기도 했지요.

사림파의 집권 제14대 선조

결국 선조 대에 이르러 사림파가 조정의 중심 세력이 됩니다. 지방의 교육 기관인 서원을 기반으로 어려움을 이겨 낸 것이지요. 하지만 사림파도 곧 동인과 서인으로 쪼개집니다.

제8대 예종

연관 검색어 ⚠ 세조 둘째 아들 - 한명회 사위

예종 가계도 ▼

- 제4대 세종 — 소헌 왕후
  - 제7대 세조 — 정희 왕후
    - 의경 세자(덕종)
    - **제8대 예종** (재위 1468~1469)

예종
재위 1468~1469

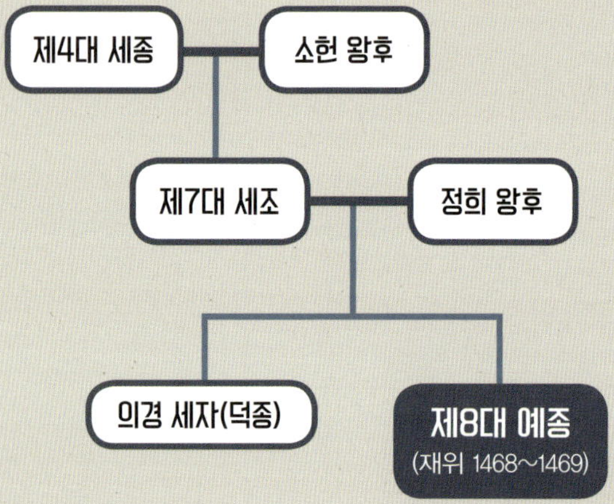

▼1457
세조의 첫째 아들이자 세자였던 의경 세자가 갑자기 세상을 떠나다.

▼1468
예종, 조선의 여덟 번째 왕이 되다.

▼1469
예종 병으로 승하하다. 창릉에 묻히다.

"아버지처럼 강한 왕이 되자!"

세조의 첫째 아들이자 세자였던 의경 세자가 갑자기 세상을 떠나 둘째 아들인 예종이 세자가 되었어요. 예종은 세자 수업에 성실하게 임하며 왕이 될 준비를 차곡차곡 해 나갔지요. 열아홉 살에 왕이 된 예종은 강력한 왕권을 휘둘렀던 아버지의 방식을 고스란히 따르려 했어요.

어린 왕이지만 노숙한 신하들을 휘어잡았고, 반역의 움직임이 보이면 강력하게 처벌했어요. 세조가 아꼈던 신하인 남이를 처형한 '남이의 옥' 사건이 대표적이에요. 세조가 추진했던 『경국대전』 편찬 사업에도 큰 관심을 가졌습니다. 이렇게 배짱 있게 나랏일을 돌보았지만 평소 앓던 병이 악화되면서 갑자기 세상을 떠났습니다.

> 어린 왕이었지만 보통이 아니었나 봐.

> 그 아버지에 그 아들이네.

> 세조가 왕이 되는 걸 돕고 권력을 얻은 자들을 '훈구파'라고 해.

스타★실록

세조의 둘째 아들. 여덟 살에 세자가 되고 열다섯 살에 나랏일에 참여해 왕으로서의 자질을 평가받았다. 세조가 세상을 떠나고 열아홉 살 어린 나이에 왕이 되었다.

당시 주변에는 세조가 왕이 되는 데 도움을 주고 권력을 잡은 신하가 많았다. 예종은 어린 왕이었지만 이들을 휘어잡아야 왕권을 유지힐 수 있다고 믿었고, 아버지를 본받아 강한 왕이 되려고 노력했다. 세조가 추진한 『경국대전』을 편찬하는 일에도 힘을 썼으나 앓고 있던 병이 악화되면서 왕이 된 지 14개월여 만에 세상을 떠나고 말았다.

예종 이황
(재위 1468~1469)
어리다고 무시하지 마라!

제9대 성종

연관 검색어 한명회 사위 - 정희 왕후 - 사림 등용 - 『경국대전』 완성

성종
재위 1469~1494

업적

『경국대전』 완성	『경국대전』은 나라를 다스리는 데 기준이 되는 조선 최고 법전 ➡ 법치 국가 조선
사림 등용	훈구파를 억누를 사림파를 중앙 정치로 불러들임
평화로운 조선	조선 전기 문물제도 완성 ➡ 사회·문화·정치 모두 안정적으로 발전

▼1469
열세 살의 나이에 조선의 아홉 번째 왕이 되다.
할머니인 정희 왕후가 수렴청정하다.

▼1476
정희 왕후가 물러나고 직접 나랏일을 돌보다.

▼1479
중전이었던 윤씨의 품행이 바르지 않아 궁에서 내쫓다.

성종 가계도 ▼

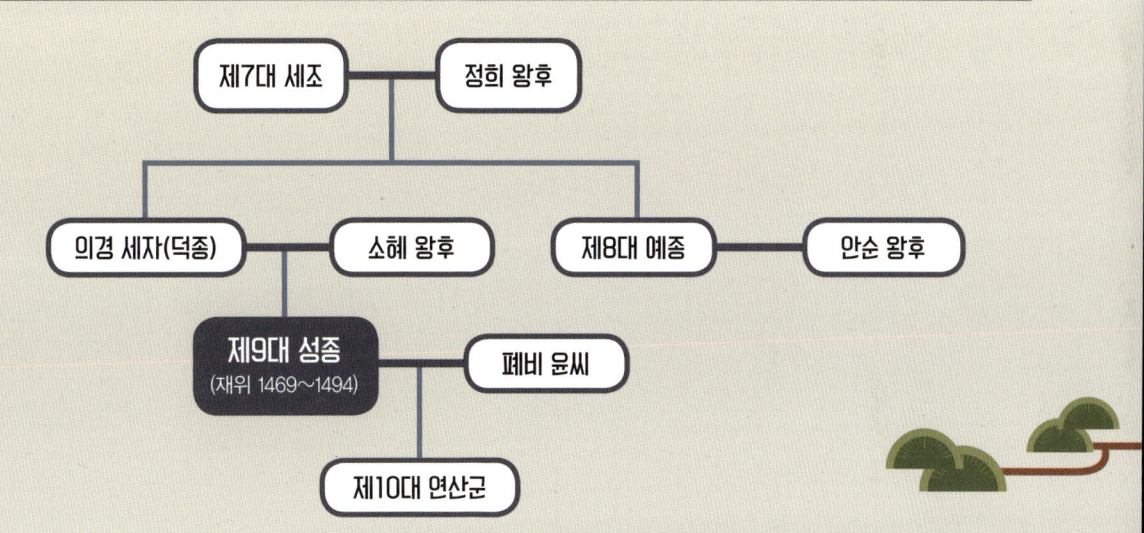

▼ 1484
창경궁을 완성하다.
『동국통감』을 완성하다.

▼ 1485
『경국대전』을
완성하다.

▼ 1490
『삼강행실도』를
전국 곳곳에 보급하다.

▼ 1494
성종 승하하다.
선릉에 묻히다.

사림, 조선 정치의 새바람

- 예종이 후계자를 세우지 못하고 갑자기 세상을 떠났어.
- 성종은 형 월산 대군을 제치고 왕이 되었어. 한명회 파워라고 할 수 있지.
- 수렴청정은 임금 대신 나랏일을 하는 걸 말해.
- 사림은 지방에서 교육에 힘쓰며 제자를 키우던 학식 있는 선비들이야.

성종은 세조의 손자면서 한명회의 사위였어요. 한명회는 이미 조선 최고 권력가였지만 사위까지 왕으로 세우고 싶어 했지요. 예종이 갑자기 세상을 떠나자 한명회는 세조의 왕비였던 정희 왕후와 힘을 모아 성종을 왕으로 세웁니다. 정희 왕후는 어린 왕을 대신해 수렴청정을 했어요. 당시 조정은 훈구파가 쥐락펴락했습니다. 훈구파란 세조가 왕이 되는 일을 도와 힘을 얻은 세력을 말해요.

수렴청정에서 벗어난 스무 살 성종은 왕권을 위협하는 훈구파를 막기로 합니다. 도덕적으로 깨끗하고 학문에 밝은 선비들을 조정으로 불러들인 거예요. 이들을 '사림'이라고 합니다. 훈구파와 사림파는 서로 견제하며 새로운 정치 분위기를 만들어 갔습니다.

스타★실록

사림

훈구파를 견제한 성종의 오른팔

사림의 역사는 조선 건국 초기로 거슬러 올라간다. 나라를 새로 만들지 고쳐 나갈지를 놓고 두 무리로 갈라져 싸웠다. 이성계를 중심으로 조선이 세워지자 이를 성공시킨 혁명파 신진 사대부가 권력을 잡았다. 뒤이어 세조가 왕이 되는 데 도움을 준 훈구파가 권력을 휘둘렀다.

한편, 온건파 신진 사대부는 지방으로 내려가 성리학을 공부하며 제자를 길렀다. 세조가 왕이 되는 데 반대했던 자들도 정치를 그만두고 같은 길을 가는데, 이들을 '사림'이라고 한다. 성종은 훈구파를 견제하기 위해 사림을 대거 중앙 정치로 불러들였다.

제2의 세종대왕

성종은 세조가 없앴던 경연을 다시 실시해 신하들의 목소리에 귀를 기울였습니다. 또한 홍문관을 설치해 문서를 관리하고 제도를 개편하는 등의 일을 하도록 했어요. 불교를 억제하고 유교를 소중히 했고, 유교 예법을 정리한 『국조오례의』를 편찬하기도 했지요. 음악 백과사전인 『악학궤범』도 성종 때 만들어집니다.

이 시기에 왕은 신하와 균형을 이루고 토론과 경연을 활발히 하며 나랏일을 골고루 돌보았습니다. 여진족 침략에도 대비하는 등 조선 북쪽의 방비에도 힘썼어요. 덕분에 성종 때 조선의 정치와 경제, 사회와 문화 등 나라 곳곳의 틀이 정비되어 나라는 어느 때보다 안정을 이루었습니다.

> 신하의 의견을 귀담아 듣는 왕이라면 경연이 얼마나 중요한지 알지.

> 홍문관은 집현전에서 하던 일과 비슷한 일을 하겠군.

> (수군수군) 성종에겐 왕비가 세 명, 후궁이 아홉 명이나 있었대…….

> ㄴ 부인이 열두 명?!

세조의 첫째 아들인 의경 세자의 둘째 아들. 왕위에 오를 서열이 아니지만 장인인 한명회의 힘으로 조선의 아홉 번째 왕이 되었다. 수렴청정을 받았지만 성인이 되자 스스로 나랏일을 보았다. 훈구파가 힘을 자랑하는 상황에서 사림파를 등용해 정치적 균형을 이루었다. 동시에 나라 안팎을 돌보며 백성의 생활도 안정시켰다. 무엇보다 가장 큰 업적은 『경국대전』 완성이다. 『경국대전』은 모든 체제를 정비하여 나라를 법으로써 통치할 수 있도록 한 조선 최고 법전이다. 성종은 이렇듯 조선을 새로 정비해 제2의 세종대왕이라는 별명까지 얻었다.

스타★실록

성종 이혈

(재위 1469~1494)
조선 왕 가운데
가장 모범생

조선 최고 법전, 『경국대전』

- '성종' 하면, 『경국대전』!
- 조선이 법치 국가로 거듭나는 순간인가!
- 『경국대전』을 보면 조선의 문화와 가치관, 일상생활 등도 알 수 있대.
- 그만큼 자세하게 썼다는 뜻이구나!

『경국대전』 이전에도 여러 법전이 있지만, 주로 죄인을 다스리는 내용을 다루었어요. 법이 명확하지 않아 상황에 따라 달리 적용되었지요. 세조는 나라의 모든 체계를 반듯하게 하기 위해 나라의 기본 법전인 『경국대전』을 만들라고 명령했어요. 세조 때 만들어지기 시작한 법전은 약 30년 후인 성종 때 완성되었습니다.

『경국대전』에는 나라의 모든 일을 법에 따라 다스리겠다는 의지가 담겨 있습니다. 나라를 통치하는 원칙부터 백성의 생활에 쓰이는 기본 규범도 있지요. 『경국대전』은 나라의 최고 법전으로서 조선 왕조 500년 동안 나라를 다스리는 밑바탕이 되었습니다.

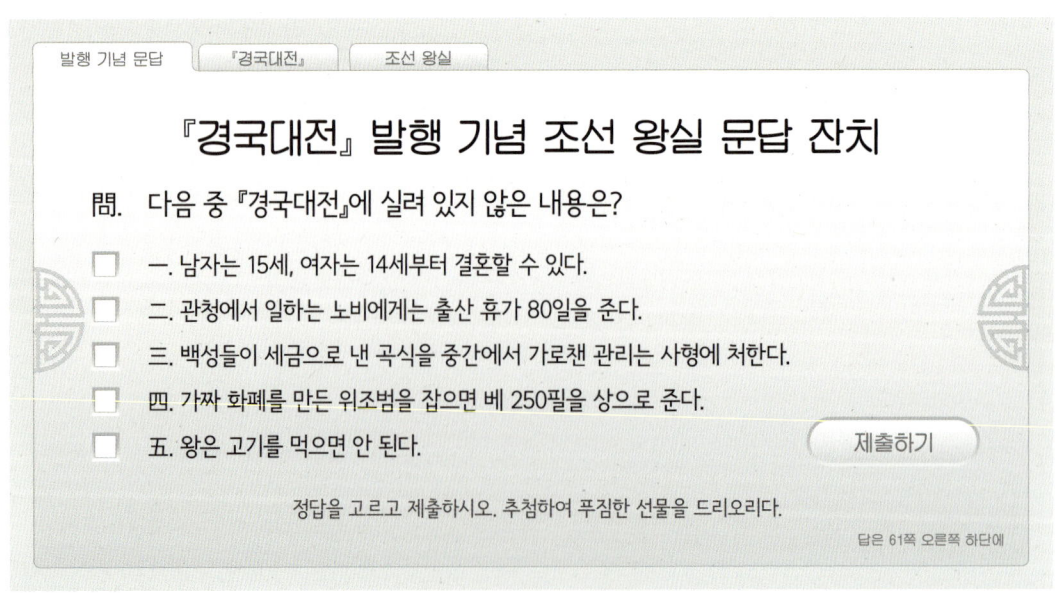

『경국대전』 발행 기념 조선 왕실 문답 잔치

問. 다음 중 『경국대전』에 실려 있지 않은 내용은?

- ☐ 一. 남자는 15세, 여자는 14세부터 결혼할 수 있다.
- ☐ 二. 관청에서 일하는 노비에게는 출산 휴가 80일을 준다.
- ☐ 三. 백성들이 세금으로 낸 곡식을 중간에서 가로챈 관리는 사형에 처한다.
- ☐ 四. 가짜 화폐를 만든 위조범을 잡으면 베 250필을 상으로 준다.
- ☐ 五. 왕은 고기를 먹으면 안 된다.

정답을 고르고 제출하시오. 추첨하여 푸짐한 선물을 드리오리다.

제출하기

답은 61쪽 오른쪽 하단에

 김마음 박사
왕톡 심리 상담 센터에 오신 것을 환영합니다.
무엇을 도와드릴까요?

 성종
내 아들놈 문제요. 잠깐만 기다려 보시오.

성종 님이 연산군 님을 초대했습니다.

 연산군
아바마마가 뭐라 하셔도 왕이라면 강한 힘으로 모두를 발밑에 두는 게 맞지요.

 김마음 박사
앗! 연산군께서 이곳에!!!

 연산군
어찌 그리 나를 두려워하느냐?
너도 어마마마를 궁에서 내쫓는 일을 도왔느냐?
그렇다면 너도 결코 살려 두지 않으리!

 성종
네 이놈! 네 어미 윤씨는 질투심이 너무 심했어!
네가 감히 복수심으로 조정을 쑥대밭으로 만들다니!

 연산군
조선은 유교를 따르는 나라고 유교에서는 효심이 중요합니다.
저는 제 어미를 죽이는 데 동의한 고얀 신하들을 벌주려는 것뿐.

 김마음 박사
저기 그럼 두 분이 말씀 더 나누시는 게…… 저는 이만…….

김마음 박사 님이 나갔습니다.

제10대 연산군

연관 검색어 ⚠ 폭군 - 폐비 윤씨 - 무오사화 - 갑자사화 - 흥청망청 - 중종반정

연산군
재위 1494~1506

주요 사건 ▼

무오사화	"신하가 감히 왕에게 쓴소리를 해?"
갑자사화	"내 어머니에게 왜 그랬어!"
중종반정	폭군 연산군을 왕위에서 몰아냄

폭군 연산군 ▼

"온 조정이 연산군을 승냥이나 호랑이처럼 두려워하여 비록 (실세였던) 왕비의 두 오빠라 할지라도 조심스레 섬겼다."
— 『중종실록』

▼ **1479**
어머니인 윤씨가 궁에서 쫓겨나다. 이때 연산군의 나이 네 살이다.

▼ **1494**
연산군, 조선의 열 번째 왕이 되다.

▼ **1497**
아무나 궁궐 안을 들여다보지 못하도록 담을 높이 쌓고 궁궐 근처 집을 허물다.

▼ **1498**
무오사화 일어나다. 김종직을 무덤에서 꺼내고 관련자들을 처벌하다.

연산군 가계도 ▼

▼1503

궁 안에 심을 기이한 꽃과 풀을
가져오게 하다. 몇 년 뒤에는
기이한 동물도 가져오라고 명하다.

▼1504

갑자사화 일어나다.
많은 사림이 이 일로
목숨을 잃다.

▼1506

중종반정으로 왕의
자리에서 쫓겨나다.
강화도에서 죽다.
묘는 서울 도봉구에 있다.

두 번의 칼부림으로 폭군이 되다

😎 '사화'는 조정에서 갈등이 생겨 많은 사림이 죽거나 다친 사건을 말해.

👩 조카를 내쫓고 왕이 된 세조를 비난하는 듯한 글이 사초(실록의 초기 원고)에 남겨져 있었대.

🧑 연산군 무서워…….

👦 자신을 길러 준 정현왕후를 어머니라고 생각했다가 진짜 어머니를 알게 된 거야. 얼마나 충격이 컸을까?

🧔 그래도 죄 없는 신하들까지 모조리 죽인 건 너무했어.

이미 세상을 떠난 사림파 김종직이 세조를 비난한 글을 썼다고 훈구파 한 명이 연산군에게 일러바쳤어요. 연산군은 할아버지를 비난한 데 크게 분노하며 무덤에서 김종직의 시체를 꺼내 목을 벴습니다. 김종직을 따랐던 수십 명의 제자들도 처형하거나 유배를 보냈어요. 무오년(1498)에 일어난 사화라고 해 이를 '무오사화'라고 부릅니다. 무오사화로 사림의 힘이 많이 약해졌어요.

연산군은 얼마 후 자신의 어머니가 성품이 어질지 못해 궁궐에서 쫓겨나 처형당했다는 사실을 알게 되었어요. 연산군의 분노가 폭발했습니다. 어머니 폐비 윤씨를 쫓아내는 데 찬성했던 신하들을 처형하고 그 일에 관여했던 신하들도 모두 죽여 버렸습니다. 이 사건은 갑자년(1504)에 일어나 '갑자사화'라고 합니다.

두 번의 무시무시한 사화를 겪은 조선 궁궐은 살얼음판이 되었습니다. 신하들은 연산군이 두려워 바른 말을 삼가고 쥐 죽은 듯 지냈습니다.

🔊 긴급 재난 문자   지금

〔신하 안전청〕 무오사화로 연산군 주의보 발령! 사림의 피해가 특히 극심하므로 안전에 유의하시오.

〔신하 안전청〕 갑자사화로 연산군 경보!!!! 연산군이 폭정을 일삼고 있으니 훈구파 사림파 가리지 말고 안전에 유의하시오.

쫓겨난 왕, 연산군

연산군은 점점 난폭해졌어요. 경연과 홍문관을 없애 신하들의 말을 듣지 않았고, 쓴소리를 하는 신하는 살려 두지 않았습니다. 궁으로 기생들을 불러들여 밤낮 없이 춤과 술을 즐겼고, 궁궐 안에 동물들을 들여 사냥터를 만들기도 했습니다. 나랏일을 돌보려는 게 아니라 흥청망청 쓰기 위해 백성으로부터 세금을 더 거두어들이기까지 했어요. 백성의 원성은 높아만 갔지요.

보다 못한 신하들은 연산군을 왕위에서 끌어내려 강화도로 귀양 보내고 그의 이복동생인 중종을 왕으로 세웠어요. 이 사건을 '중종반정'이라고 합니다. 쫓겨난 이 왕은 '왕'이라는 칭호를 얻지 못하고 '연산군'이란 이름으로 역사에 남았습니다. 연산군 시대의 기록도 『연산군실록』이 아니라 『연산군일기』라고 해요.

- 연산군이 나랏일은 돌보지 않고 재물을 탕진하며 놀기만 하는 데서 '흥청망청'이라는 말이 생겼대.
- 연산군 탄핵되다!
- 이즈음 나타난 게 홍길동이야. 양반의 재산을 도둑질해 백성들에게 나눠 주었대. 이거 실화임. 『조선왕조실록』에도 나옴.
- 약 100년 후에 허균이 이를 토대로 『홍길동전』을 썼지.

스타★실록

연산군 이융
(재위 1494~1506)
조선의 폭군

성종과 폐비 윤씨 사이에서 태어난 첫째 아들. 열아홉 살에 조선의 열 번째 왕이 되었다. 1498년 무오사화를 일으켜 많은 사림파를 죽였다. 무오사화는 조정에서 사림파와 팽팽하게 줄다리기를 하던 훈구파의 계략 때문에 일어난 사건이라고도 본다. 연산군의 난폭함은 갈수록 심해졌다. 어머니 폐비 윤씨가 쫓겨난 일에 복수하기 위해 갑자사화를 일으켜 조정에 다시 피바람을 일으켰다. 결국 신하들에 의해 왕위에서 쫓겨나 강화도로 유배 갔다가 두 달 만에 세상을 떠났다.

제11대 중종

연관 검색어 중종반정 – 조광조 – 왕도 정치 – 개혁 정치 – 현량과 – 기묘사화

인물 ▼

조광조	사림파의 핵심 인물
	훈구파 세력 약화
	왕도 정치 주장

업적 ▼

개혁 정치	향약 보급	마을이 스스로 정한 규약
	현량과 실시	과거제가 아닌 추천제
		사림파 대거 등용

주요 사건 ▼

기묘사화	훈구파의 반격	"사림파의 세력이 너무 커졌다."
	주초위왕(走肖爲王)	"조광조가 역모를 꾀한다!"

재위 1506~1544

▼1488 — 성종의 아들, 연산군의 이복동생으로 태어나다.

▼1506 — 중종반정으로 조선의 열한 번째 왕이 되다.

▼1515 — 조광조를 등용하다.

▼1517 — 문정 왕후가 왕비가 되다.

중종 가계도 ▼

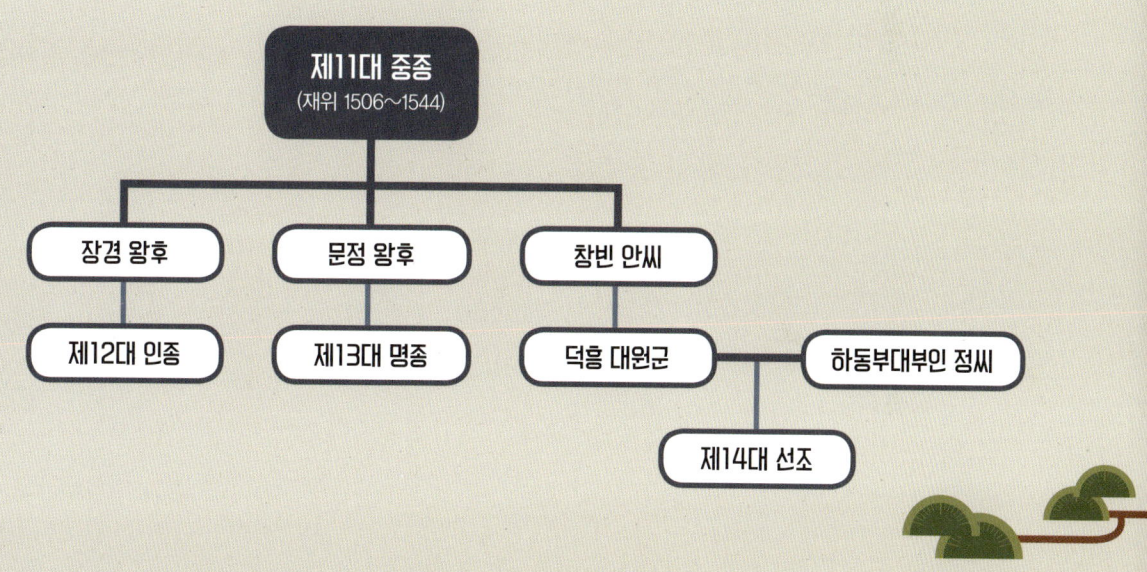

▼1519
현량과를 실시하다.
기묘사화가 발생하다.

▼1527
궁에서
불에 탄 쥐가
발견되다.

▼1543
한밤중에
세자가 있던
동궁에 불이 나다.

▼1544
중종 승하하다.
정릉에 묻히다.

조광조와 함께 조선을 개혁하다

💬 조광조는 왕이 지혜로워야 나라를 잘 다스릴 수 있다고 생각했대. 그래서 경연에 힘을 쏟았지.

💬 왕이 덕을 갖추면 신하들이 잘 따르고 그래야 나라가 발전한다는 거네.

┗ 💬 그걸 왕도 정치라고 합니다.

💬 사림 출신 조광조 덕분에 사림파가 다시 힘을 얻었어.

💬 훈구파: 부들부들…….

중종반정으로 갑자기 왕이 된 중종에게는 연산군 때 엉망이 된 나라를 바로잡는 과제가 있었어요. 그래서 신하들 가운데 청렴하고 학식이 높은 사림 출신 조광조를 곁에 두었습니다. 조광조는 중종의 두터운 신임을 얻어 조선을 개혁해 갔어요.

우선 유교와 성리학을 바탕으로 나라의 예와 질서를 세웠어요. 현량과를 실시해 과거를 통하지 않고도 인재를 뽑을 수 있도록 했고, 공신(功臣, 나라에 공을 세운 신하)의 수를 줄였습니다. 작은 지방 단위 규약인 '향약'을 보급하기도 했어요. 이 밖에도 부자들이 재산을 늘리는 것을 제한하자고 주장하기도 했지요. 조광조의 강력한 개혁 정치는 백성으로부터는 환영을 받았으나, 훈구파의 반대에 부딪쳤습니다.

스타★실록

조광조
(1482~1519)
중종이 키우고
중종이 버린 신하

　스물아홉 살에 장원 급제해 성균관에 입학했다. 성실하고 뛰어난 학생이었던 조광조는 중종의 눈에 들어 금세 조정의 주요 인물이 되었다. 현량과를 통해 대부분 사림파를 등용했다. 힘이 커진 사림파는 훈구파를 견제하는 기능을 했다. 무엇보다 조광조는 왕이 학문·정치에서 모범을 보여야 한다고 생각해 왕도 정치를 주장했다. 하지만 급진적인 개혁을 추진하고 세력을 키우는 모습 때문에 중종의 신임을 잃었다. 조광조는 결국 역적으로 몰려 처형당했다.

사림이 또 한 번 칼을 맞다

훈구파는 자신들에게 불리한 개혁을 밀어붙이는 눈엣가시 조광조를 없앨 계략을 세웁니다. 사람을 시켜 궁 안에 있는 나뭇잎에 꿀로 글자를 쓰고 개미들이 나뭇잎을 갉아 먹게 했어요. 개미가 꿀 바른 곳을 갉아 먹자 '주초위왕(走肖爲王)'이라는 글자가 나타났지요. 글자 '주초'를 합하면 조광조의 '조(趙)'가 되니 주초위왕은 조씨 성을 가진 자가 왕이 된다는 뜻이었어요.

이미 마음이 돌아선 중종은 기묘년에 조광조를 반역죄로 처형하고, 그의 세력이었던 사림들도 처벌했어요. 기묘사화로 사림파는 다시 지방으로 밀려나고 훈구파가 권력을 잡게 됩니다. 훈구파는 조광조의 개혁 정책을 모두 없앴어요.

- 조광조는 훈구파의 부정부패를 막기 위해 제도를 고치거나 새로 만들었대.
- 훈구파를 노린 거네. 노렸어.
- 세 번의 사화로 사림파 대부분이 정치를 놓고 지방으로 내려갔어.
- 조선의 정치는 사림파와 훈구파가 엎치락뒤치락!

스타★실록

성종의 둘째 아들. 중종반정으로 조선의 열한 번째 왕이 되었다. 청렴하고 능력 있는 사림 출신 조광조를 곁에 두고 개혁을 추진했다. 그 당시로서도 파격적인 조광조의 개혁안들은 중종의 절대적인 지지로 하나씩 실현되었다.

조광조는 '왕이 잘해야 신하도 잘하고 나라도 바로 선다.'라고 주장했다. 중종은 조광조가 사림파의 세력을 키우고, 왕도 정치를 강조하며 압박하자 조금씩 마음이 돌아서셨다. 결국 훈구파의 계략으로 기묘사화가 일어나고 중종은 조광조를 비롯해 사림파를 대거 처형했다.

중종 이역

(재위 1506~1544)
조광조고 개혁이고
지긋지긋

제12대 인종

연관 검색어 ⚠ 새어머니 문정 왕후 – 너무 일찍 죽은 왕

인종
재위 1544~1545

주요 사건 ▼

불에 탄 쥐·동궁 화재   호시탐탐 왕의 자리를 노리는 새어머니 문정 왕후

허약한 왕   "전하, 고기 좀 드시옵소서!"

짧은 재위 기간 ▼

 8개월   가장 짧게 누린 왕 인종

 51년 7개월   가장 길게 누린 왕 영조

▼ **1515**
인종이 태어나고 얼마 후 어머니인 장경 왕후가 세상을 떠나다.

▼ **1517**
문정 왕후가 중종의 세 번째 왕비가 되다.

▼ **1544**
인종, 조선의 열두 번째 왕이 되다.

▼ **1545**
인종 승하하다. 효릉에 묻히다.

가장 짧게 누린 왕

인종은 여섯 살에 세자가 되어 24년 동안 왕이 될 준비를 했어요. 인종이 세자였을 때 궁궐 마당에서 눈, 귀, 입이 불에 탄 쥐가 발견된 사건이 있었어요. 인종이 있던 궁이 불에 타는 사건도 있었어요. 인종을 세자 자리에서 끌어내리기 위해 저주한 사건이었지요. 순탄하지 않았던 인종의 세자 시기에 왕실에서는 중종의 세 번째 왕비인 문정 왕후의 힘이 점점 강해지고 있었어요. 문정 왕후는 자신의 아들을 왕으로 세우기 위해 호시탐탐 기회를 노렸습니다.

많은 역경을 지나 인종은 서른 살에 조선의 왕이 되었습니다. 기묘사화로 폐지된 현량과를 되살리고 조광조의 억울함도 풀어 주었지요. 지혜롭고 어진 왕이었으나 불행하게도 왕이 된 지 8개월 만에 병을 얻어 세상을 떠났어요.

> 🧑 중종의 새 왕비들은 자기 아들을 왕으로 세우려고 무척 애썼대.

> 🏛 아무리 그래도 쥐 사체를!

> 🧑 8개월? 너무 허무해······.

> 🧔 실록에 의하면, 신하들이 허약해진 인종에게 제발 고기 좀 먹으라고 애원했대.

스타★실록

중종의 맏아들. 태어나고 얼마 후 어머니인 장경 왕후가 세상을 떠났다. 어렸을 때부터 총명해 중종의 사랑을 받으며 여섯 살에 세자가 되었다. 세자 자리를 위협하는 해괴한 사건도 있었지만, 어진 성품을 가진 인종은 학문에 매진하며 왕이 될 준비를 차곡차곡 해 나갔다. 중종이 세상을 떠나고 인종이 서른 살에 조선의 열두 번째 왕이 되었다. 그러나 긴 시간 아버지의 장례를 치르며 몸에 무리가 왔고, 결국 병을 얻어 세상을 떠나고 말았다. 왕위에 오른 지 8개월 만이었다.

인종 이호
(재위 1544~1545)
준비된 왕 그러나
가장 짧게 누린 왕

제13대 명종

연관 검색어 ❗ 문정 왕후 – 수렴청정 – 어마마마 파워 – 을사사화 – 임꺽정

명종
재위 1545~1567

인물 ▼

문정 왕후의 수렴청정
불교 진흥으로 유학자들의 반발을 삼
문정 왕후 남동생 윤원형이 세력을 잡음

주요 사건 ▼

을사사화
인종의 삼촌 윤임
VS 명종의 삼촌 윤원형
➡ 윤원형파의 승리, 윤임파 대거 처형

임꺽정의 난
"차라리 도적이 되겠다!"

▼1545
명종이 조선의
열세 번째 왕이 되다.
을사사화가 일어나다.

▼1548
문정 왕후와 가까이
지내던 승려 보우가
봉은사 주지가 되다.

▼1553
문정 왕후가 물러나고
명종이 직접
나랏일을 돌보다.

명종 가계도 ▼

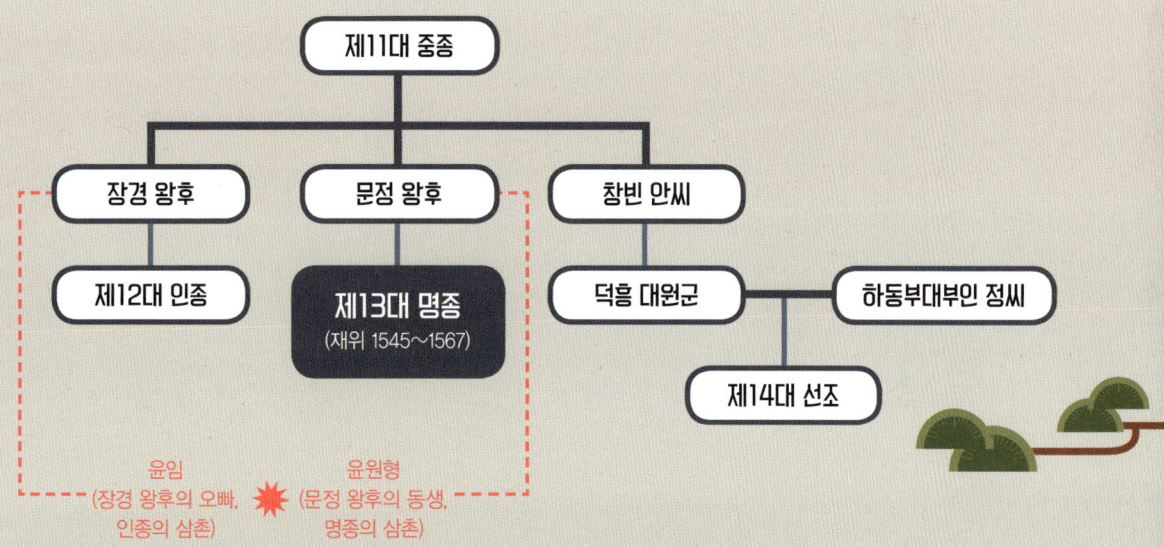

▼1555
왜구가 전라남도 영암·강진·진도 부근을 침략해 도둑질하다. (을묘왜변)

▼1562
임꺽정을 체포해 처형하다.

▼1565
문정 왕후가 불교를 장려하라는 유언을 남기고 세상을 떠나다.

▼1567
명종 승하하다. 강릉에 묻히다.

어머니 뒤에 숨은 왕

인종의 외삼촌인 윤임 세력과 명종의 외삼촌인 윤원형 세력이 맞붙었어!

을사사화를 통해 죄 없는 사람들이 목숨을 잃었어.

인종이 갑자기 세상을 떠나고 인종의 이복동생이었던 명종이 조선의 왕이 되었어요. 어린 왕 대신 명종의 어머니인 문정 왕후가 수렴청정을 했습니다. 명종을 왕으로 만든 윤원형 세력은 인종을 뒷바라지했던 윤임 세력을 없애고 권력을 독차지하려고 했어요. 그리하여 반역을 꾀한다는 죄를 뒤집어씌우고 윤임 세력을 처형해 버립니다. 궁궐에 많은 피를 뿌린 이 사건을 을사년에 일어났다고 해 '을사사화'라고 합니다. 을사사화 이후 문정 왕후는 절대적인 권력을 휘두르며 명종과 조선을 마음대로 주물렀습니다.

문정 왕후와 동생 윤원형이 권력을 휘두르자 이를 비난하는 내용의 글이 길에 나붙기도 했대.

조선에 드리운 그림자

문정 왕후와 그의 남동생인 윤원형 등이 궁궐을 제멋대로 주무르는 동안 비리를 저질러 재산을 쌓는 관리와 양반이 많았어요. 관리가 자기 욕심만 채우고 나랏일은 돌보지 않는 데다 남쪽 지역을 중심으로 왜구가 자꾸 침략해 오는 탓에 백성들의 삶은 더욱 고단해졌어요.

나라가 안팎으로 불안정한 가운데 극심한 가뭄까지 들었어요. 먹고살기 힘든 백성은 아예 산으로 들어가 도적이 되기도 했어요. 이때 활약한 임꺽정은 백성의 재물을 빼앗는 양반과 부패한 벼슬아치들의 재산을 노린 도적이에요. 주로 황해도와 경기도에서 관아를 습격해 창고의 곡식을 가난한 백성에게 나눠 주었어요. 백성들은 임꺽정을 '의로운 도적'이라고 부르며 응원했습니다.

> 왕실에서 모범을 보이지 않으니 신하들도 똑같이 구는 모양이야. 쯧쯧.

> 왜구가 자꾸 쳐들어온다니, 왠지 불길해…….

> 『조선왕조실록』에도 "그들이 도적이 된 것은 그들의 죄가 아니다."라고 기록되어 있대.

스타★실록

문정 왕후
(1501~1565)
왕 뒤에 숨은
진짜 호랑이

중종의 세 번째 왕비. 명종 시대에 왕보다 더 많이 이름을 날렸다. 인종 대신 자신의 아들을 왕으로 세우고 싶어 했다. 인종이 갑작스럽게 세상을 떠나자 명종이 왕위에 올라 문정 왕후와 그의 친척들이 권력을 차지하게 되었다. 을사사화를 일으켜 반대파를 제거하고, 유교 국가였던 조선에서 온갖 반대를 무릅쓰며 불교를 장려하는 정책을 펼쳤다. 수렴청정이 끝난 후에도 명종 뒤에서 조선과 조선의 왕을 쥐락펴락하며 자신과 가족을 위해 권력을 행사했다.

제14대 선조

연관 검색어 ⚠ 붕당 정치 - 동인과 서인 - 임진왜란 - 이순신 - 유성룡

선조
재위 1567~1608

인물 ▼

이황	조선의 성리학을 연구
이이	「시무육조」, 십만양병설
유성룡	임진왜란을 기록한 『징비록』
이순신	백전백승 조선의 영웅

주요 사건 ▼

붕당 정치	동인은 이황·조식·서경덕 계승
	서인은 이이·성혼 계승
임진왜란	1592년 일본이 침략하자 선조 달아남
	땅에서는 의병, 바다에서는 이순신이 나라를 지킴

▼1567
선조가 조선의 열네 번째 왕이 되다.

▼1583
이이가 십만양병설을 주장하다.

▼1591
유성룡의 추천으로 이순신이 전라좌도 수군절도사(전라좌수사)가 되다.

선조 가계도 ▼

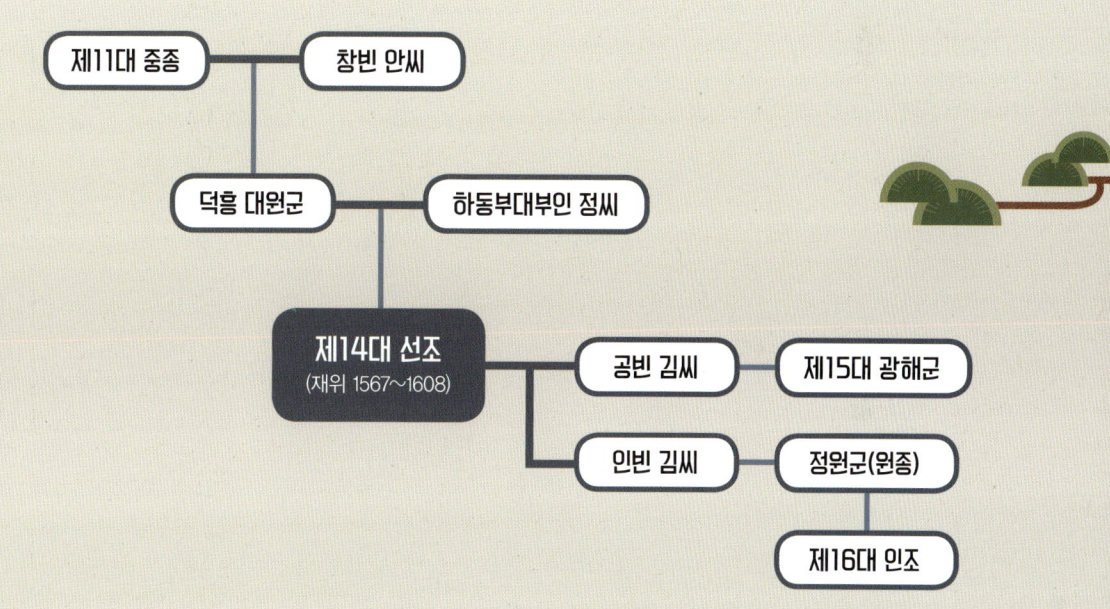

▼ 1592
임진왜란 일어나다.
선조 의주까지 도망가다.
진주 대첩에서 승리하다.
명나라가 군대를 보내 돕다.

▼ 1593
유성룡이
영의정이 되다.

▼ 1598
노량 해전의 승리로
임진왜란 끝나다.
이순신이 세상을 떠나다.

▼ 1608
선조 승하하다.
목릉에 묻히다.

사림의 부활과 붕당 정치

> 😊 동인은 주로 이황의 제자, 서인은 주로 이이의 제자였지.

> 😮 텔레비전에서 보니 요즘 정치인들도 엄청 헐뜯으며 싸우더라 뭐.

> 😊 붕당 정치가 꼭 나쁜 것만은 아니야.
> ㄴ 😊 맞아, 다양한 의견이 서로 팽팽하게 맞서니 한쪽으로 치우치지 않게 되지.

나라 안팎이 혼란스럽고 정치적으로도 불안정하자 선조는 다시 사림파를 정치에 대거 참여시켰어요. 몇 차례의 사화로 지방에 내려가 학문과 교육에 힘쓰며 힘을 기르던 사림파가 다시 중앙 정치로 모이게 된 거예요.

사림파는 얼마 있지 않아 동인과 서인으로 갈라졌어요. 똑같이 성리학을 이념으로 삼았지만 구체적 사건에 대해서는 추구하는 바가 달랐기 때문이지요. 이렇게 나라의 관리들이 파로 갈려 서로 비판하고 견제하는 정치 형태를 '붕당 정치'라고 합니다.

이즈음 왜구가 남해안 일대를 수차례 침략했어요. 조선 사람들을 죽이고 도둑질을 일삼았지요. 이에 맞서려면 군사력을 길러야 한다는 의견도 있었지만, 붕당 간 의견이 달라 조정에서 일치된 목소리가 나오지 않았어요.

> 😮 '이조 전랑'이라는 벼슬을 놓고 김효원과 심의겸이 대립했대.
> ㄴ 😊 겨우 그것 때문에 사림파가 둘로 나뉜 거야?
> ㄴ 😮 이 사건은 계기일 뿐, 이후 지역과 학파에 따라 자연스레 갈린 거야.

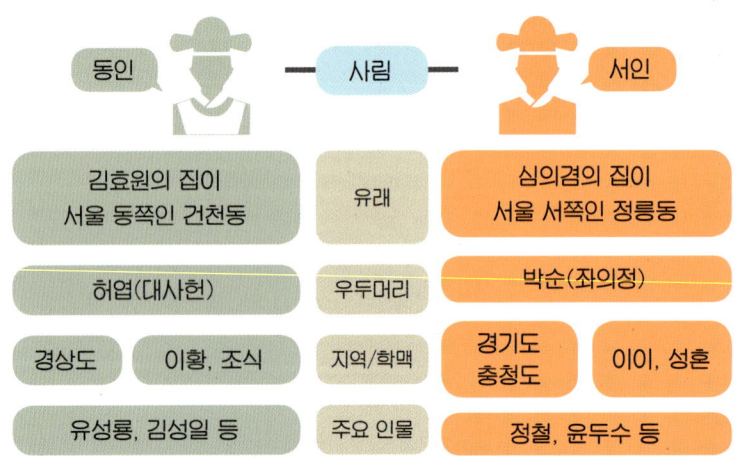

퇴계 이황은 정치적으로 혼란한 시대를 살며 기묘사화와 을사사화 등을 겪었다. 이에 관직을 내려놓고 고향인 경상북도 안동에서 본격적으로 학자의 길을 걸었다. 중국과 다른 조선 성리학을 확립해 조선 철학을 한 단계 발전시켰다. 제자가 늘어나 이황은 안동에 '도산 서당'을 세웠다. 제자들이 이황이 죽은 후 스승의 학문과 덕을 기리기 위해 서당 주변으로 '도산 서원'을 지었다. 세상을 떠나기 직전까지 학문 연구와 제자 교육에 몰두하며 혼란한 정치에는 참여하지 않았다.

율곡 이이는 신사임당의 아들로, 재능이 뛰어나 과거에서 아홉 번이나 장원 급제했다. 이황과는 달리 조선의 정치에 적극적으로 참여해 개혁에 앞장섰다. 당시 조정의 중심 세력이었던 사림파는 동인과 서인으로 갈려 각각 이황과 이이를 사상적 뿌리로 삼았다. 이이는 군사와 국방을 책임지는 병조 판서가 되어 선조에게 십만 병사를 길러야 한다는 '십만양병설'을 주장했다. 또한 나라의 군사력을 키워 전쟁에 대비해야 한다는 내용의 글, 「시무육조」를 올리기도 했다.

스타★실록

이황
(1501~1570)
조선을 대표하는
학자이며 정치가

이이
(1536~1584)
조선을 대표하는
학자이며 정치가

이황의 뛰어난 제자였다. 과거에 급제하고 빠르게 승진해 영의정과 좌의정 자리에까지 오른다. 동인과 서인의 대립으로 혼란스러운 조정을 안정시키려 노력했다. 또한 일찍이 이순신을 발견해 그를 정읍 현감, 전라좌수사로 뽑아 썼고, 권율을 앞세워 전투 승리에 기여했다. 선조 곁에서 임진왜란을 수습했고, 이후 고향으로 내려가 임진왜란 중 경험한 사실을 기록한 『징비록』을 완성했다. '징비'란 '미리 징계(경계)해 나쁜 일에 대비한다.'라는 뜻이다. 임진왜란 같은 끔찍한 전쟁을 다시 겪지 않으려면 반성하고 대비해야 한다는 깨우침이 담겨 있다.

스타★실록

유성룡
(1542~1607)
영웅 이순신을 있게 한
조선의 정치가

임진왜란이 일어나다

> 💬 일본은 서양의 신식 무기인 조총을 쓰고 있었대. 조선군은 여전히 칼을 들고 싸웠고.

> 💬 미리 일본의 군사력을 파악하는 데 실패한 거지.

> 💬 헐! 왕이 도망가다니!!!

> 💬 화가 난 백성들이 궁에 불을 지르고, 왕의 피난 행렬을 향해 돌을 던지기도 했대.

조선이 세워진 후 왜구나 여진족이 쳐들어와 약탈한 적은 있어요. 하지만 조선과 이민족 간 큰 전쟁이 난 적은 없었지요. 조정에서 일본의 수상한 움직임은 눈치챘지만, 붕당마다 의견이 달라 전쟁 준비는 제대로 하지 못했어요. 임진년인 1592년 4월, 조선이 혼란스러운 틈을 타 도요토미 히데요시가 다스리던 일본의 군대가 부산으로 쳐들어왔습니다. 임진왜란이 일어난 거예요. 일본군은 조선의 성들을 하나씩 함락시키며 한양을 향해 올라왔습니다.

대비하지 못한 조선은 속수무책이었습니다. 일본군이 맹렬한 속도로 20일 만에 한양에 도착했을 때 조선의 왕인 선조는 이미 백성을 두고 달아나 버린 뒤였습니다.

나라를 구한 이순신과 의병

임진왜란은 7년 동안 벌어진 전쟁이에요. 왕은 도망가 버렸지만 백성들은 일본의 침략을 온몸으로 막았습니다. 땅에서는 의병이 일본군에 맞서 싸웠고, 남쪽 바다에서는 이순신이 거북선을 내보내 철통처럼 왜군을 막아 냈어요. 1598년 노량 해전에서 조선이 승리하며 임진왜란은 끝이 났습니다. 이 전투에서 이순신은 목숨을 잃고 말았지요. 조선을 할퀴고 간 전쟁의 흔적으로 백성들은 오래도록 고통을 받아야 했습니다.

> 의병은 나라를 지키려고 백성이 스스로 만든 군대야.

> 도망간 선조는 뭐했대?

> ㄴ 명나라에 도와 달라고 했답니다.

이순신에 관한 세 가지 서프라이즈

Q 기적의 전투를 벌인 적이 있다?

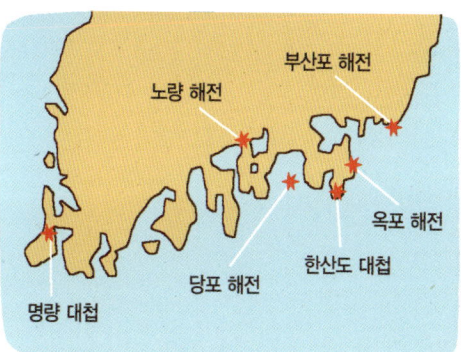

이순신은 백전백승했다. 특히 명량 대첩에서 10여 척의 배로 133척의 일본군 배를 물리쳤다. 물살의 방향까지 정확히 꿰고 작전을 세웠기 때문이다. 이는 세계 전쟁사에서도 보기 드문 큰 승리로 꼽힌다.

Q 이순신은 발명가였다?

이순신은 전쟁에 대비해 거북이 등딱지 모양 지붕에 날카로운 철심을 박은 배를 떠올렸다. 거북선은 전쟁터를 휘저으며 왜군을 물리치는 데 큰 몫을 했다. 여인들이 손을 잡고 도는 강강술래를 활용해 적군을 속인 사람도, 작전과 암호를 전달하기 위해 연을 만든 사람도 이순신이다.

Q 취미가 일기 쓰기다?

이순신은 임진왜란 중에도 틈틈이 일기를 쓴 일기 마니아. 이 일기가 『난중일기』다. 일기에 당시 날씨, 군사 작전, 전쟁 상황 등을 자세히 기록해 훗날 귀중한 자료가 되었다. 문체도 힘이 넘치고 훌륭해 예술적 가치도 높다. 현재 국보와 유네스코 세계 기록 유산으로 지정되어 있다.

스타★실록

이순신
(1545~1598)
조선 바다를 지킨 영웅

무과에 합격해 조선 군인이 되었고 중앙 정치에까지 오른다. 자신이 옳다고 믿는 것에 대해서는 절대 타협하지 않아 비난과 모함을 받으며 험난한 정치 생활을 했다. 영의정 자리에까지 올랐던 유성룡이 이순신을 감싸 주어 몇 번의 고비를 넘기기도 했다.

이순신은 유성룡의 추천으로 수군 지휘관이 되어 거북선을 만들고 군사 시설을 손보며 국방을 탄탄히 했다. 그 무렵 임진왜란이 일어났고 일본군은 순식간에 한양까지 올라왔다.

멸망 직전의 조선을 구한 인물이 이순신이다. 옥포 해전으로 시작한 스물세 번의 전투에서 모두 승리했고, 일본의 물자 보급로를 끊어 일본 육군까지 위태롭게 만들었다. 임진왜란의 마지막 전투였던 노량 해전을 승리로 이끌었으나 이 해전에서 세상을 떠났다.

스타★실록

선조 이균(이연)
(재위 1567~1608)
백성을 버리고 도망간 왕

선조 때 사림이 중앙 정계에 나오면서 붕당 정치가 시작되었다. 조정은 곧 혼란스러워졌다. 그 무렵 일본을 통일한 도요토미 히데요시가 임진왜란을 일으켰다. 임진왜란이 일어나자 선조는 궁궐을 버리고 개성으로 도망갔다. 일본군이 선조를 잡기 위해 뒤따라올 때마다 평양으로 의주로 도망을 다녔다. 선조가 조선 군대의 작전권을 명나라에 주어 조선 땅에서 명나라와 일본의 협상이 이루어지기도 했다.

협상은 실패했고 전쟁은 계속되었으며 조선의 피해는 이루 말할 수 없을 정도로 커져만 갔다. 다행히 도요토미 히데요시의 죽음과 이순신의 활약으로 1598년 일본군이 후퇴하면서 임진왜란은 끝났다. 하지만 선조는 임진왜란의 승리가 명나라 덕분이라고 치켜세웠다. 백성을 버리고 도망간 왕은 전쟁이 끝난 후에도 비겁했다.

임진왜란, 7년의 기록

- **1590년**
  - 도요토미 히데요시가 일본을 통일해 권력을 잡고 조선 침략 계획을 세우다.

- **1591년**
  - 조정이 전쟁에 대비해야 한다는 세력(서인)과 이에 반대하는 세력(동인)으로 갈리다.
  - 이순신이 전라좌수사가 되다.

- **1592년**
  - 4월 임진왜란 발발하다. 일본이 부산 앞바다로 쳐들어오고 20일 만에 한양에 도착하다.
  - 선조가 광해군을 세자로 삼고 의주까지 도망가다.
  - 이순신이 옥포 해전에서 첫 승리를 거두다.
  - 곽재우와 의병군이 승리하다.
  - 이순신이 한산도 대첩에서 크게 승리하다.
  - 김시민이 진주성에서 크게 승리하다.

- **1593년**
  - 명나라 군대의 도움으로 평양성을 되찾다.
  - 권율이 행주산성에서 크게 승리하다.

- **1596년**
  - 조선을 빼고 명나라와 일본이 협상하지만 실패하다.

- **1597년**
  - 일본군 가토가 조선에 쳐들어간다는 거짓 정보를 흘리다.
  - 이순신이 이를 눈치채고 출동 명령을 거부해 감옥에 가다.
  - 원균이 출동했다가 크게 패하자 이순신을 다시 불러들이다.
  - 이순신이 명량 대첩에서 10여 척의 배로 일본군 133척의 배를 상대해 크게 이기다.

- **1598년**
  - 도요토미 히데요시 죽다.
  - 철수하는 일본군에 맞서 싸운 노량 해전에서 승리하지만, 이 전투에서 이순신이 목숨을 잃다. 7년 동안의 전쟁이 끝나다.

제15대 광해군

연관 검색어 ⚠ 전쟁터를 지킨 세자 – 대동법 – 실리 외교 – 인조반정

광해군
재위 1608~1623

업적 ▼

대동법 실시	땅을 가진 사람이 쌀·돈·베·무명 등을 세금으로 내는 법
실리 외교	명나라와 후금 사이에서 아슬아슬 줄타기
궁궐 보수	전쟁으로 폐허가 된 궁을 다시 지었으나, 무리한 공사로 백성들의 원성을 삼

주요 사건 ▼

인조반정	왕의 자리를 노리는 영창 대군을 없애고 새어머니인 인목 왕후를 경운궁(현재 덕수궁)에 가둠 ➡ 인조반정 ➡ 광해군 폐위, 인조 즉위

▼1592
임진왜란 중 세자가 되다. 도망간 선조 대신 전쟁터를 지키다.

▼1606
선조의 새 왕비 인목 왕후가 영창 대군을 낳다.

▼1608
조선의 열다섯 번째 왕이 되다. 대동법을 실시하다.

▼1610
허준이 『동의보감』을 완성하다.

광해군 가계도 ▼

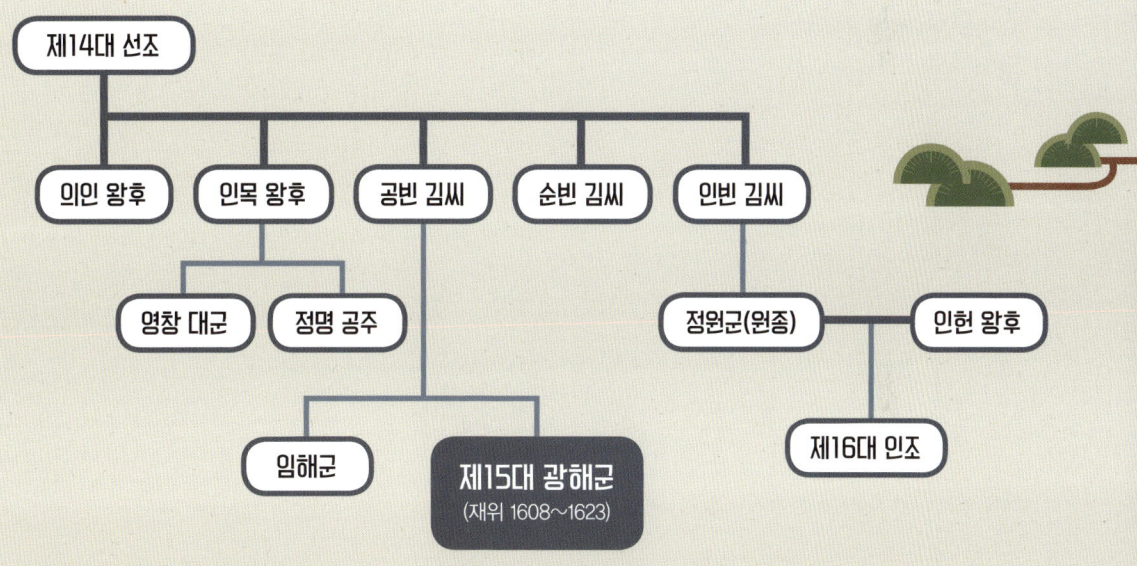

▼ 1613
영창 대군을
유배 보내고
이듬해에 처형하다.

▼ 1618
인목 왕후를 덕수궁에 가두다.
명나라의 요구로 조선군을 보냈지만
후금과 싸우다가 항복하게 하다.

▼ 1623
인조반정 일어나다.
신하들이 광해군을
폐위하고 인조를
왕으로 세우다.

▼ 1641
유배지에서
세상을 떠나다.
묘는 경기도
남양주에 있다.

조선을 다시 일으키자

> 이즈음 명나라는 힘이 약했고 여진족이 세운 후금이 대세였대.

임진왜란이 일어나자 선조는 광해군을 세자로 임명했습니다. 왕은 도망가고 세자인 광해군이 전쟁터에서 백성을 지키며 동분서주했지요. 선조가 세상을 떠나고 왕이 된 광해군은 전쟁으로 황폐해진 조선을 일으키기 위해 많이 노력합니다. 전쟁으로 파괴된 궁궐을 다시 짓고 중국의 명나라와 후금 사이에서 중립을 지키며 전쟁 없이 평화를 유지하려고 했습니다. 또한 전쟁으로 엉망이 된 나라의 토지를 조사하고 나라에 바치는 세금을 쌀로 내게 하는 '대동법'을 실시했습니다. 이는 공납 제도의 잘못된 점을 고쳐 백성의 삶을 안정시키기 위한 제도였습니다.

> 지역 특산물을 세금으로 내던 '공납'이라는 제도가 있었어. 백성들은 전쟁 때문에 세금을 특산물로 내기 어려웠을 거야.

> 대동법은 가진 땅의 넓이에 따라 세금을 내는 제도야. 땅의 넓이가 넓으면 세금을 많이 냈겠지.
> ↳ 땅이 많은 양반들은 반대했겠군.

공/불/모 공납 제도가 불만인 사람들의 모임

자유 게시판   즐겨 찾기   전체 공지

〔공지〕감시하기 위해 몰래 가입한 관리들은 강퇴하겠소!
· 감이 풍년인 곳 있소? 공납 양 못 채울까 걱정이오ㅠㅠ
· 공납용 비단 팝니다.
　↳ 답글: 잡았다, 요놈! 지난번에 나한테 사기 친 놈이지?
· 공납 제도, 이거 문제 있다고 생각하는 사람 답글 다시오.
　↳ 답글: 나지도 않는 특산품을 사서 내라니 기가 차오!
· (익명) 공납 못 내서 도망 다닌 썰 풀겠소.
· 전하께서 공납 제도를 보완한 '대동법'을 시행한다 하오!!
· '대동법 — 잘 내고 잘 사는 법' 특강 안내

검색 초대 채팅 알림 글쓰기

부모 형제도 모르는 왕?

- 선조가 죽을 때 영창 대군은 고작 세 살이었대.
- 정식 부인의 아들이 왕이 되어야 한다고 주장하는 신하들이 많았던 모양이야.
- 광해군 등 뒤에서 출신이 천하다고 수군댔겠지.
- 조선은 전쟁이 끝났어도 여전히 불안하네!

　광해군은 선조가 후궁 사이에 낳은 아들이에요. 선조는 광해군보다 어린 새 왕비, 인목 왕후를 맞았고 얼마 후 인목 왕후는 영창 대군을 낳았어요. 이 때문에 신하들은 광해군파와 영창 대군파로 나뉘어 날카롭게 대립했습니다. 선조가 죽은 후 왕이 된 광해군은 영창 대군을 강화도로 유배 보내 죽이고 어머니인 인목 왕후도 덕수궁에 가두었어요. 결국 1623년 광해군에 반대하는 세력이 군대를 모아 반란을 일으킵니다. 광해군을 끌어내리고 왕의 자리에 인조를 앉힌 이 사건을 '인조반정'이라고 하지요. 광해군은 왕의 이름도 얻지 못한 채 '광해군'으로 역사에 남았습니다.

선조와 후궁인 공빈 김씨 사이에서 태어났다. 임진왜란이 벌어져 혼란한 때 세자가 되었다. 도망간 아버지 선조 대신 궁궐을 지키며 군사를 지휘했고, 왜군과 싸우는 백성들을 다독였다. 왕이 된 후에는 전쟁으로 폐허가 된 나라를 돌보는 일에 힘을 쏟았다.

조선의 토지를 조사하고 대동법을 실시해 백성의 부담을 덜어 주었으며, 『동의보감』을 완성하도록 도왔다. 또한 중국이 명나라와 후금으로 갈려 맞서자 이에 중립적으로 대응하며 전쟁 없는 평화 상태를 유지하려 애썼다. 안으로는 조선을 다시 일으키고 밖으로는 외교에 힘쓰며 나라 안팎을 안정시키려 노력해 백성의 신뢰를 얻었다.

그러나 왕비가 아닌 후궁의 아들이라는 이유로 왕의 자리를 위협받았다. 결국 이복동생과 새어머니를 내쫓아 인조반정의 원인을 제공했다. 광해군은 이 반정으로 왕의 자리에서 내몰려 왕의 칭호도 얻지 못한 비운의 왕이 되었다.

스타★실록

광해군 이혼

(재위 1608~1623)
대동법의 왕

조선의 의학자. 호는 구암. 명문 집안에서 교육을 받으며 자랐고 선조의 어의(궁에서 왕이나 왕족을 치료하던 의사)가 되었다. 임진왜란 때도 선조 옆을 끝까지 지켜 벼슬을 얻었다. 선조가 세상을 떠났을 때는 왕의 목숨을 지키지 못했다는 이유로 유배 생활을 하기도 했으나 광해군의 도움으로 다시 궁으로 돌아왔다.

선조의 명으로 『동의보감』 편찬 작업을 시작해 1610년에 완성했다. 『동의보감』은 25권으로 이루어진 의학서로 조선의 사정에 맞는 의학 지식을 집대성한 책이다. 지금까지도 한의학계에서 널리 읽히고 있으며 유네스코 세계 기록 유산으로 지정되었다.

스타★실록

허준

(1539~1615)
조선의 뛰어난 의학자

제16대 인조

연관 검색어 ⚠ 인조반정 – 친명 배금 – 정묘호란 – 병자호란 – 삼전도의 굴욕 – 소현 세자

주요 사건 ▼

정묘호란
'명나라와는 친하게, 후금과는 멀리' 정책(친명 배금)
➡ 후금의 침략으로 정묘호란 일어남
➡ 후금과 강제로 형제 관계 맺음

병자호란
여전히 명나라를 섬기는 조선
➡ 후금(청나라)이 다시 쳐들어옴
➡ 청나라 황제 앞으로 인조 끌려감(삼전도의 굴욕), 소현 세자, 청나라에서 8년간 인질 생활

인조
재위 1623~1649

▼ **1623**
인조반정으로 인조가 조선의 열여섯 번째 왕이 되다.

▼ **1627**
정묘호란 일어나다.
조선에 후금이 침략해 오다.

▼ **1636**
병자호란 일어나다.
청으로 이름을 바꾼 후금이 조선을 다시 침략하다.

인조 가계도 ▼

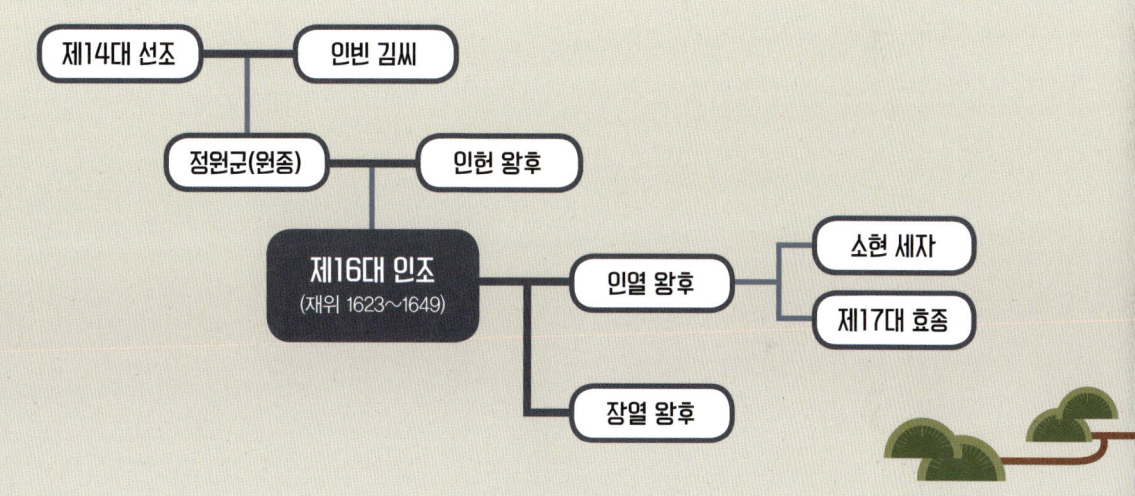

▼1637

인조가 삼전도의 굴욕을 겪다.
소현 세자와 그의 가족이
청나라에 인질로 끌려가다.

▼1645

소현 세자가 조선으로
돌아왔지만 병으로
갑자기 세상을 떠나다.

▼1649

인조 승하하다.
장릉에 묻히다.

인조의 첫 번째 굴욕

🙂 조선은 건국 때부터 명나라를 추켜세웠잖아. 임진왜란 때도 명나라가 도와주었으니 의리를 지켜야 한다고 생각했을 거야.

🙂 반면 후금은 여진족 출신의 오랑캐 나라라고 무시하는 거지.

ㄴ 🙂 어느 쪽이 대세인 줄도 모르고. 쯧쯧.

🙂 또 전쟁이야??!!

🙂 오랑캐와 형제라니, 왕으로서 참 굴욕적이었겠어.

중국의 상황이 심상치 않게 돌아가고 있었어요. 명나라는 점점 힘을 잃고 후금이 힘을 키우고 있었지요. 그러나 광해군의 뒤를 이어 왕이 된 인조는 광해군의 중립 외교 방식을 버렸어요. 대신 명나라에 대한 의리를 강조하며 명나라를 받드는 태도를 보였지요.

1627년 정묘년, 후금은 기다렸다는 듯이 압록강을 넘어 조선으로 쳐들어왔어요. 이를 '정묘호란'이라고 합니다. 인조와 신하들은 부랴부랴 강화도로 도망을 갔지요. 궁지에 몰린 인조는 후금에 대화를 제안하고 후금과 형제의 나라가 되겠다고 약속했어요. 하지만 이것은 눈앞에 닥친 위기에서 벗어나기 위한 대응일 뿐, 조선은 이후로도 여전히 후금을 무시했습니다.

머리를 조아린 왕

후금은 힘을 더 키우고 나라 이름도 '청'으로 바꿨어요. 청나라는 조선이 신하의 나라가 되길 바랐지만 조선은 이를 거부했습니다. 조선은 청과 형제가 되겠다는 약속을 지키지 않고 여전히 명나라를 따르고 있었어요. 그러자 청나라는 1636년 병자년에 10만여 군사를 이끌고 조선에 쳐들어왔습니다. 이를 '병자호란'이라고 합니다. 인조와 신하들은 남한산성으로 몸을 피했지만 청나라 군대가 성을 둘러싸자 항복할 수밖에 없었습니다.

인조는 한강의 삼전도 나루에서 청나라 황제인 태종에게 무릎을 꿇고 절하는 굴욕을 겪어야 했습니다. 이때부터 조선은 청나라를 섬겨야 했지요. 소현 세자 부부와 봉림 대군 부부, 신하들도 청나라에 인질로 끌려갔습니다.

- 세 번 절하고 일어난 인조의 이마에서 피가 뚝뚝 떨어졌대.

- 인조의 첫째 아들 소현 세자와 둘째 아들 봉림 대군이 청나라에서 8년 동안 인질 생활을 했지.

- 소현 세자는 인질 생활을 끝내고 조선으로 돌아온 지 얼마 되지 않아 세상을 떠났다는군.

선조의 손자. 광해군이 반대 세력을 줄줄이 없앨 때 인조의 아버지와 동생도 세상을 떠났다. 인조는 광해군에게 인간적, 정치적으로 반발심을 품고 조선의 열여섯 번째 왕이 되었다. 광해군의 중립적 태도를 버린 후 명나라를 받들고 청나라를 얕보는 정책을 펼쳤다. 이는 힘을 키워 가고 있는 청나라를 자극해 정묘호란과 병자호란을 일으키는 결과를 낳았다. 청나라의 잇따른 침략으로 수많은 백성이 목숨을 잃거나 청나라의 포로가 되었다.

스타★실록

인조 이종
(재위 1623~1649)
청나라에
굴욕을 당한 왕

제17대 효종

연관 검색어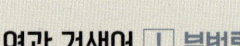

업적 ▼

북벌론 "아버지에게 치욕을 준 청나라를 벌하기 위해 군사를 기르자!" ➡ 10년 동안 준비했지만 북벌 실패

효종 가계도 ▼

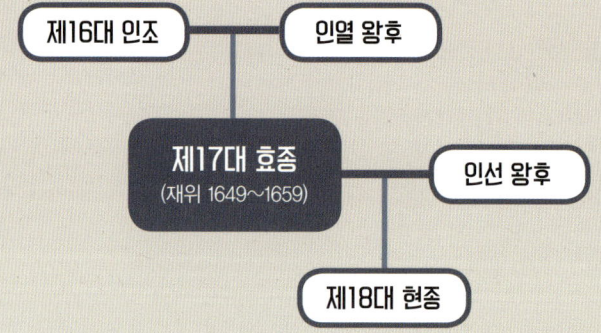

효종
재위 1649~1659

▼ **1649**
효종이 조선의 열일곱 번째 왕이 되다.

▼ **1652**
북벌을 위해 어영청, 수어청 등 군사 기구를 강화하다.

▼ **1653**
네덜란드인 헨드릭 하멜이 태풍을 만나 표류 끝에 제주도에 도착하다.

▼ **1659**
효종 승하하다. 영릉에 묻히다.

청나라 정벌의 꿈

청나라에서 인질 생활을 하고 돌아온 효종(봉림 대군)이 조선의 열일곱 번째 왕이 되었어요. 효종은 무엇보다 청나라에 대한 원망이 강했습니다. 청나라에 복수해야 한다는 북벌론을 구체적으로 실현하기 위해 군사를 늘리고 군사 시설을 대대적으로 손보았어요.

하지만 청나라의 힘도 점차 막강해졌어요. 또한 조선도 임진왜란과 잇따른 호란에서 입은 상처를 회복하지 못한 상황이었지요. 여전히 국토는 황폐했고 백성의 삶은 힘겨웠습니다. 따라서 섣불리 청나라와 전쟁을 일으킬 수 없었어요. 이렇게 10년 가까이 준비만 하다가 효종이 병으로 세상을 떠나면서 청나라를 정벌하겠다는 뜨거운 꿈도 식고 말았습니다.

> 인조의 첫째 아들인 소현 세자는 귀국하고 얼마 후에 갑자기 세상을 떠나.

> 그래서 둘째 아들인 효종이 왕이 되었구나.

> 효종은 덩치가 엄청 컸대!

> 머리에 난 종기 때문에 세상을 떠났다던데.

스타★실록

인조의 둘째 아들. 열아홉 살에 아버지인 인조가 삼전도에서 청나라 황제에게 굴욕적으로 항복하는 모습을 지켜보았다. 이후 항복의 대가로 소현 세자와 함께 청나라로 끌려갔다. 8년 후 조선으로 돌아와 조선의 열일곱 번째 왕이 되었다. 청나라에 복수하겠다는 강한 의지로 북벌론을 내세우며 조선의 군사력을 강화했다.

그러나 조선 안팎의 상황이 좋지 않아서 신하들조차 북벌론에 힘을 실어 주지 않았다. 효종은 꿈을 이루지 못하고 왕위에 오른 지 10년 만에 종기 때문에 갑자기 세상을 떠났다.

효종 이호

(재위 1649~1659)
왕 혼자 꾼 꿈,
북벌론

제18대 현종

연관 검색어 ❗ 예송 논쟁 – 서인과 남인의 대립 – 대흉년

재위 1659~1674

주요 사건 ▼

여전한 붕당 정치

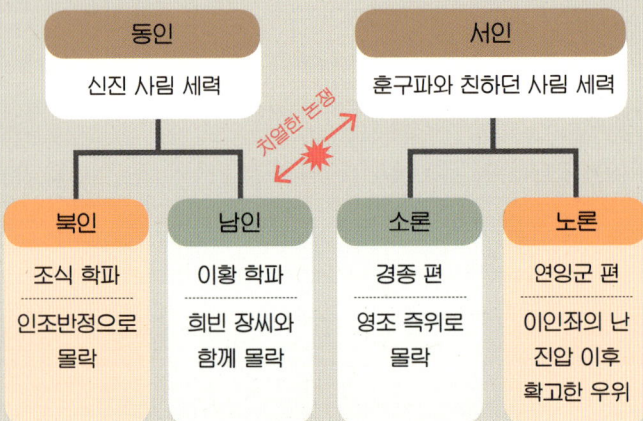

▼1659

현종이 조선의 열여덟 번째 왕이 되다.
효종의 장례 예법을 두고
서인과 남인이 논쟁하다.

▼1670

극심한 흉년. 굶거나 전염병으로
죽는 백성이 늘어 나라 곳곳에
시체가 쌓여 가다.

▼1674

인선 왕후 장례 예법을 두고
서인과 남인이 다시 충돌하다.
현종 승하하다.
숭릉에 묻히다.

불꽃 튀는 '예의' 싸움

현종이 왕이 된 후 조정은 몹시 시끄러웠어요. 현종의 아버지인 효종의 장례를 치를 때 효종의 새어머니인 자의 대비가 상복을 3년 입을지 1년 입을지를 놓고 남인과 서인이 다툰 거예요. 효종은 왕이니 장남 대접을 할지, 실제로는 차남이니 차남의 예로 장례를 치를지 애매했어요. 그 후 효종의 왕비인 인선 왕후가 죽었을 때도 자의 대비가 상복을 입는 기간을 두고 다투었어요. 지방 유생들까지 이 문제에 대해 상소를 올리는 등 학자들의 관심이 대단했지요.

현종은 차례대로 서인과 남인의 손을 들어주었습니다. 이 싸움은 조정에서 당파들이 권력을 차지하기 위해 벌인 싸움이에요. 논쟁에서 승리한 당파는 조정에서 유리한 위치를 차지하니까요.

> 도대체 상복을 몇 년 입는지가 왜 중요한 걸까?

> 지금은 이해가 안 되지만, 예의를 중요하게 생각하던 조선에서는 몹시 중요한 일이었을 거야.

> 현종이 신하들 때문에 골치 좀 아팠겠는걸.

스타★실록

현종 이연

(재위 1659~1674)
신하들 싸움에
등 터진 왕

아버지인 효종이 인질로 있던 당시 청나라에서 태어났다. 효종이 갑자기 세상을 떠나 현종이 조선의 열여덟 번째 왕이 되었다. 왕이 되자마자 조선 역사상 가장 치열했던 논쟁에 휘말렸다. '예송 논쟁'은 효종의 장례를 놓고 일어났다. 남인은 효종이 왕이니 효종의 새어머니가 상복을 3년 입어야 한다고 주장한 반면, 서인은 양반의 예법에 따라 1년만 입어야 한다고 주장했다. 이는 효종이 왕으로서 자격이 있었는지 묻는 것이기도 해서 더욱 치열했다. 이렇게 정치적인 논란이 길게 이어진 데다 긴 가뭄까지 겹쳐 백성의 삶은 나아지지 않았다.

제19대 숙종

연관 검색어 ⚠ 인현 왕후 – 장희빈 – 남인과 서인

인물 ▼

인현 왕후(서인) 숙종의 왕비지만 희빈 장씨의 등장으로 궁궐 밖으로 쫓겨남

희빈 장씨(남인) 숙종의 사랑을 받았지만 품행이 바르지 않아 처형됨

숙종 가계도 ▼

▼ **1674**
조선의 열아홉 번째 왕이 되다.

▼ **1689**
희빈 장씨의 아들을 세자로 만드는 데 서인이 반대하다. 서인이 귀양 가고 남인이 권력을 잡다.

▼ **1694**
쫓겨난 인현 왕후가 궁궐로 돌아와 서인이 다시 권력을 차지하다.

▼ **1720**
숙종 승하하다. 명릉에 묻히다.

왕의 손바닥에서 춤을 추다

숙종은 궁녀였던 희빈 장씨(장희빈)를 남달리 사랑했습니다. 희빈 장씨는 남인의 지원을 받으며 아들까지 낳아 승승장구했지요. 조정에서는 여전히 서인과 남인이 대립하고 있었어요. 서인은 남인 세력이 커질 것을 걱정해 희빈 장씨가 낳은 아들을 세자로 세우는 데 반대했어요. 그러자 숙종은 서인을 줄줄이 귀양 보내고 인현 왕후까지 궁에서 쫓아냈습니다. 남인의 세상이 열린 거예요.

그러나 시간이 흘러 숙종이 희빈 장씨에게 등을 돌리자 서인은 인현 왕후를 다시 궁궐로 복귀시켰어요. 자연히 남인의 세력이 약해지고 서인이 권력을 잡았지요. 숙종 시기에는 이렇게 왕의 판단이나 상황에 따라 조정의 세력이 엎치락뒤치락했습니다. 신하들이 살아남기 위해 왕의 눈치를 보니 왕의 힘은 점점 강해졌어요.

> 숙종 마음이 왜 이렇게 왔다 갔다 하는 걸까?

> 그러게요. 갈대인 줄.

> 희빈 장씨는 엄청난 미인이었지만 후궁들을 질투하는 등 못돼서 숙종이 등을 돌렸대.

> 숙종은 무수리인 최씨 사이에서도 아들을 얻었어. 훗날 조선의 왕이 되지. 누굴까?

조선의 열아홉 번째 왕. 신하들의 싸움에 휘말렸던 아버지 현종과 달리 신하를 엄하게 다루었다. 숙종이 다스리던 시기에도 서인과 남인이 치열하게 대립했지만, 전과 다르게 왕이 적극적으로 개입해 잘잘못을 가렸다. 이에 따라 조정의 주요 세력은 순식간에 뒤바뀌었다. 한 당파가 권력을 오랫동안 잡지 못하고, 왕의 한 마디가 강력한 힘을 지니게 되어 왕권이 강화되었다. 그러나 정치 세력이 급격히 바뀌는 과정에서 당파 간의 균형이 무너지는 부작용도 생겼다.

스타★실록

숙종 이순
(재위 1674~1720)
신하들을 쥐락펴락한 왕

제20대 경종

연관 검색어 ⚠ 장희빈의 아들 – 소론과 노론 – 연잉군

인물 ▼

후계자를 놓고 다시 나뉘는 붕당

- 서인
  - 소론
    - 경종 편
    - 젊은 신하
    - 힘이 약함
  - 노론
    - 연잉군 편
    - 나이 많은 신하
    - 힘이 세고 수도 많음

경종 가계도 ▼

- 제19대 숙종
  - 인현 왕후
  - 희빈 장씨 — 제20대 경종 (재위 1720~1724)
  - 숙빈 최씨 — 제21대 영조

경종
재위 1720~1724

▼ **1688**
숙종의 맏아들로 태어나
세 살에 세자가 되다.

▼ **1701**
어머니인 희빈 장씨가
사약을 마시고 세상을 떠나다.

▼ **1720**
조선의 스무 번째
왕이 되다.

▼ **1724**
경종 승하하다.
의릉에 묻히다.

허약한 왕

경종은 어머니인 희빈 장씨가 사약을 먹고 죽는 모습을 지켜보았어요. 경종을 지지하던 남인 세력도 힘을 잃었습니다. 소론이 경종을 지지했지만 힘이 너무 약했지요. 게다가 아버지인 숙종조차 이복동생인 연잉군(후에 영조)만 예뻐했어요. 죄인인 어머니를 두었고 지지 세력도 약했던 세자 시절, 경종은 자리를 잃을까 몹시 불안했습니다. 이렇게 불안한 상황에서 왕이 된 경종은 건강도 점차 나빠져 병으로 고생하다가 세상을 떠났습니다.

> 경종은 희빈 장씨가 처형당한 후 인현 왕후의 양아들이 되었대. 기구한 운명!

> 연잉군은 숙종과 무수리였던 최씨 사이에서 태어난 아들이야.

> 연잉군이 쾌차하라며 경종에게 게장과 감을 올렸는데, 그걸 먹고 건강이 악화되었대. 혹시 음식에…… 독이……?

> ㄴ 경종의 독살설은 당시에도 자자했어.

전하일보 1724년

연잉군이 병중인 전하를 병문안하다

연잉군이 전하께 감과 게장을 직접 올리며 병세가 호전되기를 바라셨다. 며칠간 입맛이 없다며 수저도 뜨지 않으셨던 전하께서 연잉군이 올린 게장과 함께 모처럼 맛있게 밥을 드셨다. 연잉군은 이 소식을 듣고 크게 기뻐하셨다고 한다.

제21대 영조

연관 검색어 ❗ 연잉군 – 탕평책 – 균역법 – 사도 세자 – 세손 이산

영조
재위 1724~1776

업적 ▼

탕평책 실시	"어느 당파에도 치우치지 않고 공정한 정치를!"
균역법 실시	군포(군대에 가는 대신 내는 세금)를 반으로 줄임
상업의 발달	생산량이 늘고 백성의 삶이 나아지면서 상업이 발달 화폐인 상평통보 사용이 활발

주요 사건 ▼

사도 세자의 죽음	아들인 사도 세자를 뒤주에 가두어 죽임

▼ 1724
조선의 스물한 번째 왕이 되다.

▼ 1735
사도 세자가 태어나 이듬해 세자가 되다.

▼ 1749
사도 세자에게 대리청정을 명하다.

영조 가계도 ▼

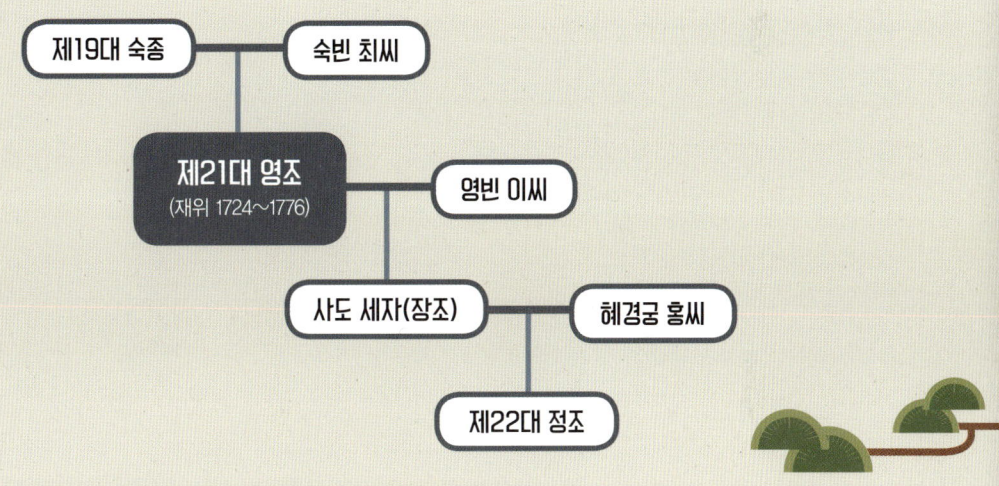

▼ 1750
균역법을
제정하다.

▼ 1762
사도 세자를 뒤주에
가두어 벌하다.
사도 세자가 세상을 떠나다.

▼ 1775
세손(정조)에게
대리청정을 명하다.

▼ 1776
영조 승하하다.
원릉에 묻히다.

탕탕평평, 당쟁을 없애자

💬 영조의 어머니는 궁궐에서 허드렛일을 하던 무수리였어.

💬 영조는 어머니가 무수리 출신이라는 점으로 꼬투리 잡히지 않으려 노력했어. 항상 몸가짐을 바르게 하고 학문도 열심히 닦았대.

숙종의 늦둥이 아들이었던 연잉군이 조선의 스물한 번째 왕이 되었어요. 신하들이 노론과 소론으로 나뉘어 권력 다툼을 벌이는 바람에 죄 없는 사람이 목숨을 잃는 등 조정은 항상 혼란했습니다. 영조는 이 문제를 해결하고자 탕평책을 실시했어요. '탕평'은 어느 편도 들지 않아 공평하다는 뜻입니다. 영조는 여러 당파에서 인재를 고루 뽑아 쓰면 세력 간 힘이 어느 한쪽으로 기울지 않고 균형을 이룰 것이라 판단했어요. 더불어 탕평책 실시에는 신하들의 갈등을 줄이고 왕권을 강화하려는 목적도 있었습니다.

💬 영조는 탕평을 알리는 자리에서 신하들에게 '탕평채'를 대접했대.

영조's 맛있는 tip
하얀 청포묵은 서인, 붉은 고기는 남인, 푸른 미나리는 동인, 까만 김은 북인을 의미한다. 재료가 조화를 잘 이루는 탕평채처럼 화합하는 조정을 만들어 보자!

백성을 위한 정치

영조는 왕이 되기 전에 궁 밖에서 살았어요. 따라서 백성들이 어떤 어려움을 겪는지 보고 들을 수 있었지요. 왕이 된 후에는 백성의 문제를 해결하기 위해 노력합니다. 먼저, 군대를 가는 대신 내는 베 두 필을 한 필로 줄여 주었어요. 이를 '균역법'이라고 합니다. 백성들은 세금의 부담을 줄여 주는 균역법을 환영했어요. 영조는 또한 아무리 큰 죄를 지은 죄인에게라도 처참하고 가혹한 형벌은 내리지 못하게 합니다. 백성의 삶이 나아지고 상업이 발달하면서 엽전인 상평통보의 사용도 활발해집니다. 영조 시대에는 정치와 백성의 삶이 두루 안정되어 나라가 큰 발전을 이루었습니다.

> 농사가 중요했던 시대에 농사일을 포기하고 군대에 가면 손해가 컸을 거야.

> 군대에 가는 대신 내는 세금을 반으로 줄여 주니 백성들도 부담이 줄었겠네.

> 영조는 약 52년간 왕위를 지켰어. 이 시기에 조선의 정치·사회·문화 모두 안정을 이루었지.

> 영조는 조선 왕 중 가장 오래 살고, 가장 오래 왕위에 있었어.

생각할수록 슬픈 아들

💬 영조가 탕평을 그렇게 강조했는데도 붕당 간 갈등은 없어지지 않았나 봐.

💬 이선은 아버지가 두려워 정신병을 심하게 앓은 모양이야. 점점 난폭해졌대.

💬 그럴수록 영조의 눈 밖에 났겠지.

💬 생각할 사(思), 슬퍼할 도(悼)…… 영조가 얼마나 마음 아파했는지 느껴져.

　영조의 늦둥이 아들 이선은 한 살에 세자가 됩니다. 어릴 때부터 총명해 영조가 몹시 아꼈지요. 이선은 소론과 가까이 지냈고 노론은 그런 이선이 왕이 될까 두려워 영조와 이선을 이간질했어요. 그렇지 않아도 영조는 학문에서 멀어져 가는 이선이 영 마음에 들지 않던 터였어요. 이선은 학문보다 무예를 더 즐겨 무예에 대한 책을 쓰기도 했지요. 두 사람의 관계는 나빠질 대로 나빠졌고, 이선은 아버지가 두려워 마음의 병까지 얻었어요.

　화가 난 영조는 이선을 뒤주(쌀 등의 곡식을 넣어 두는 물건)에 가두었고, 이선은 뒤주 속에서 목숨을 잃고 말았습니다. 영조는 후회하고 슬퍼하며 이선에게 '사도 세자'라는 이름을 내립니다.

스타★실록

영조 이금
(재위 1724~1776)
백성은 구했으나 아들은 못 구하다

　조선의 스물한 번째 왕. 조선의 왕 중 가장 오래 산 왕이자(83세) 가장 오래 왕위에 있었던 왕(약 52년)이다. 어머니의 천한 신분을 극복하기 위해 열심히 학문을 닦으며 왕으로서 모범을 보였다. 왕이 되기 전까지 붕당 정치의 피해를 직접 보고 겪었기에 왕이 되자마자 탕평책을 주장하며 당파 간 세력 균형을 이루려 노력했다. 또한 균역법 실시, 형벌 제도 완화 등 제도를 손보며 백성의 삶을 살폈다. 긴 재위 기간 동안 조선의 정치와 문화를 두루 발전시킨 왕이었으나 붕당 간 갈등을 이겨 내지 못하고 아들을 죽였던 비정한 아버지기도 하다.

💬 '영조는 왕이 되고 싶었고 이선은 사람이 되고 싶었다.'가 콘셉트래!

💬 연기 최고!! 올해의 추천작!!

The Throne, 1762

📧 줄거리

　영조는 어머니가 무수리 출신이라는 사실을 덮기 위해 누구보다 성실하게 산 왕이었다. 그에게 늦둥이 세자 이선은 무엇과도 바꿀 수 없는 귀한 아들.
　그런데도 조선의 왕이 될 아들이 무예와 그림에만 관심이 깊으니 몹시 못마땅하다. 둘의 갈등은 점점 깊어져 영조는 이선과 이야기를 나눈 후에는 귀를 물에 씻고 그 물을 이선에게 뿌리기까지 한다.
　이선은 두려움과 화를 다스리지 못해 죄 없는 신하를 죽이고, 결국 영조는 이선을 뒤주에 가두는데.

JOSEON CINEMA

👍 명대사

주연 | 영조(왕)
"세자에게 다시는 아무것도 기대하지 않겠다!"

주연 | 사도(세자)
"아바마마를 볼 생각만 해도 가슴이 막혀 숨을 쉴 수가 없어."

조연 | 영빈 이씨(사도의 어머니)
"전하, 세자에게 처분을 내리소서……"

조연 | 혜경궁 홍씨(사도의 아내)
"세자 저하, 세손을 생각하시옵소서!"

제22대 정조

연관 검색어 ❗ 영조 – 사도 세자 – 수원 화성 – 실학 – 정약용 – 박지원 – 김홍도 – 신윤복

정조
재위 1776~1800

업적 ▼

탕평책 실시	당파에 치우치지 않은 고른 정치
규장각 설치 다양한 서적 편찬 실력에 따른 인재 등용 신하들과 적극적인 소통	능력 있는 자들을 기르고 그들과 소통하며 조선의 발전을 이룩
장용영 설치	왕 전용 군사 기구 설치로 왕권 강화
자유로운 상업 활동 보장	상업의 발달로 경제 발전

인물 ▼

실학자	정약용, 박지원, 홍대용, 이덕무
미술가	정선, 신윤복, 김홍도
지리학자	김정호

▼1762 아버지 사도 세자가 세상을 떠나다.

▼1776 조선의 스물두 번째 왕이 되다. 규장각을 설치하다.

▼1782 강화도에 외규장각을 설치하다. 역대 왕들의 업적을 담은 『국조보감』을 편찬하다.

▼1785 장용영을 설치하다.

정조 가계도 ▼

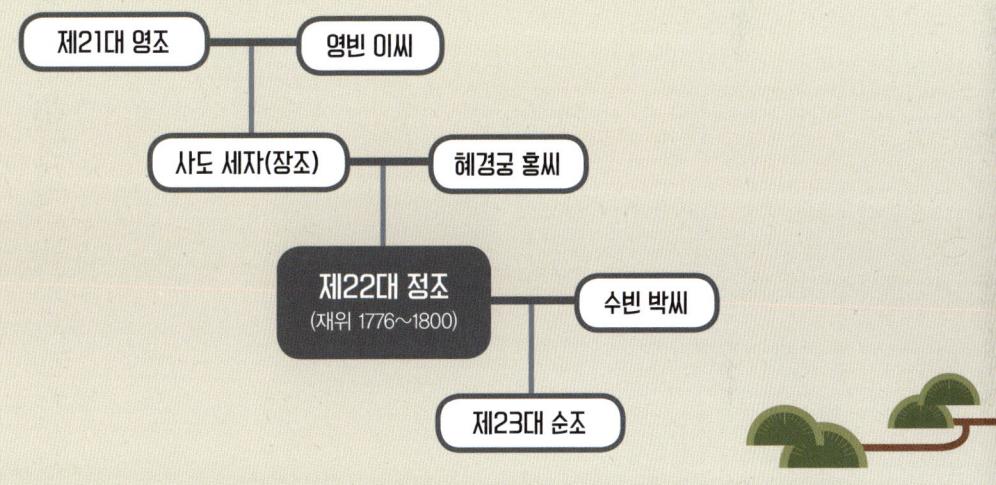

▼1791
상인의 자유로운
상업 활동을 허가하다.

▼1794
정약용의 설계로
화성 축조 시작,
2년 후에 완성하다.

▼1795
어머니인 혜경궁 홍씨의
환갑잔치를 위해 화성에
행차하다.

▼1800
정조 승하하다.
건릉에 묻히다.

배우고 익히는 왕

💬 정조는 왕이 된 날 신하들 앞에서 "나는 사도 세자의 아들이다!"라고 했대.

┗ 💬 노론들이 움찔했겠어.

💬 정조는 활쏘기를 엄청 잘했다던데?

┗ 💬 "활을 49발만 맞추는 것은 모조리 명중하지 않으려는 내 뜻이다."라고 했대. 정조 스왜그~.

　정조 이산은 사도 세자의 아들이에요. 열한 살 때 아버지가 뒤주에 갇혀 죽는 모습을 보았지요. 정조는 이 비극이 붕당 정치 때문에 일어났다는 것을 알고 있었어요. 그래서 영조의 뒤를 이어 탕평책을 펼치며 당파와 관계없이 인재를 등용했어요.

　창덕궁 안에는 규장각이라는 도서관을 만들어 이곳에서 인재를 길렀어요. 학자들은 규장각에서 학문을 닦고 토론하며 정책을 만들었습니다. 정조는 유능한 젊은 문신을 규장각에서 재교육시키기도 했지요. 규장각은 조선 후기 학문 발달의 밑바탕이었어요. 또한 정조는 왕 전용 군사 기구인 장용영을 설치하는 등 왕권을 강화하기 위해 노력했습니다.

스타★실록

정약용
(1762~1836)
정조의 손과 발

　정조는 규장각에서도 유독 뛰어났던 정약용에게 화성 설계를 맡겼다. 정약용은 화성 구석구석을 직접 계획했다. 배다리와 거중기를 만들어 화성 건설에 동원된 백성의 일손을 덜어 주기도 했다. 신하들이 정약용을 시기할 때마다 정조가 직접 나서 정약용을 감싸 주었다.

　정조가 세상을 떠나 든든한 후원자를 잃은 정약용은 서학을 믿었다는 이유로 유배 생활을 하게 되었다. 유배지인 강진에 '다산초당'을 짓고 백성에게 필요한 학문에 전념했다. 지은 책인 『경세유표』와 『목민심서』에 백성을 생각하는 정약용의 마음이 잘 담겨 있다.

찬란하다, 조선 예술!

정조는 학문을 좋아하는 왕이었습니다. 규장각을 짓고 인재들을 불러 모아 다양한 주제의 책을 편찬했어요. 정조 때 학문과 함께 예술도 눈부시게 발전했어요. 조선을 대표하는 화가인 김홍도, 신윤복은 중국의 그림을 따라 그리지 않고 조선 백성의 삶을 생생하게 그렸어요. 특히 김홍도는 도화서의 화원으로서 정조의 어진(왕의 초상화)을 그린 것으로 유명합니다. 이들보다 먼저 정선은 조선의 산과 들을 뛰어나게 그린 그림으로 이름을 알렸지요. 이전에는 양반만 예술 활동을 할 수 있었어요. 하지만 농업과 상업이 발달하자 경제가 발전해 백성도 예술을 누릴 수 있게 되었습니다.

😊 조선 시대에는 그림 그리는 일과 관련된 관청을 '도화서'라고 했대.

🙂 김홍도와 신윤복은 모두 도화서에서 일한 화원이었어.

😄 김홍도는 궁중 행사를 자세하게 표현한 '의궤'를 그리는 일에도 참여했다는군.

김홍도: 얼마 전에 내가 그린 것 좀 볼래? 좀 잘 그린 듯.

신윤복: 👍 구경꾼들 표정, 살아 있네!

😊 18세기에 그려진 김홍도의 「씨름」이야.

🙂 그림만 봐도 왁자지껄한 소리가 들리는 것 같이!

🤓 이렇게 백성이 사는 모습을 그린 그림을 '풍속화'라고 해.

- 조선 후기에 신윤복이 그린 「단오풍정」이야. 단옷날 여인들이 목욕하고 그네 타던 풍습이 잘 나타나 있어.

- 꺅! 저기 엿보는 동자승들 좀 봐!

- 김홍도의 그림과는 느낌이 다르지? 선이 섬세하고 색도 화려해.

- 신윤복은 점잖지 않은 그림을 그린다고 도화서에서 쫓겨났대.

신윤복
내가 그린 것도 좀 봐 봐.

김홍도
여자들 치마 색깔 대박! 역시 백성이 사는 모습이라야 그릴 맛이 난다니까.

김홍도 님이 정선 님을 초대했습니다.

- 조선 후기 대표 화가인 셋은 서로 영향을 주고받았을 거야. 이들은 사실 나이 차가 엄청 나. 실제로 대화했을지는, 아 몰라~

김홍도

형님, 어떻게 지내셨습니까?

정선

인왕산 다녀옴. 조선 화가라면 조선 풍경을 그려야 하니까.

- 1751년에 정선이 그린 「인왕제색도」야.

- 인왕산을 둘러싼 구름들이 넘실넘실 움직이는 것 같네.

- 진경 산수화란 우리나라 자연을 눈으로 직접 보고 그린 그림을 말해. 정선은 진경 산수화의 달인이었어!

신윤복
역시 산수화는 형님이 최고 😎 👍👍

자유로운 상업 활동을 위하여

이전에는 나라의 허가를 받은 상인만 나라에 세금이나 물품을 내고 한양에서 물건을 팔 수 있었어요. 그러나 정조는 상인 몇몇에게만 특권을 주는 것이 경제 발전을 더디게 한다고 판단했어요. 그래서 여섯 가지 품목(비단, 종이, 명주, 면, 어물, 모시)만 제외하고 모든 상인이 자유롭게 물건을 사고팔 수 있게 했습니다.

상업이 발달하고 서양 문물이 들어오면서 사회 모습이 많이 바뀌자 학자들은 조선을 지탱할 새로운 사상을 연구했어요. 이를 실학이라고 합니다. 실학은 백성을 잘 살게 하고 나라를 튼튼하게 하는 방법을 연구하는 학문이에요.

> 상인이 내는 세금이나 물품은 대부분 노론의 주머니로 흘러들어 갔대.

> 그동안 조선을 지탱한 사상은 '성리학'이었어. 예절과 형식이 중요해!

> 예절과 형식이 밥 먹여 주나? 백성을 위한 실용적 학문이 더 중요해!

> ㄴ 님, 그게 바로 실학!

정조 생활 통지표

학문	매우 잘함	규장각을 설치해 책과 그림 등 학문에 관한 다양한 자료를 모음. 스스로 열심히 학문을 닦는 모범생.
인재 등용	매우 잘함	신분이 낮아도 능력 있는 인재를 뽑고, 이들을 적극 후원.
상업	매우 잘함	일부 상인에게만 주던 특권을 폐지하고, 상인들이 자유롭게 경쟁하도록 함.
효심	매우 잘함	수원에 아버지 무덤을 옮기고 이곳에 화성을 지음.
건강	노력 바람	엄청난 골초. 금연을 권함.
무예	매우 잘함	활 쏘는 솜씨가 몹시 뛰어남.
재치	매우 잘함	편지에 우스갯소리를 쓰고 '呵呵(가가)'를 덧붙이기도 했음. 이는 웃음소리를 흉내 낸 것으로 요즘의 'ㅋㅋ' 같은 것. 재치 만점!

스타★실록

실학자들

쓸모 있는 학문이란 무엇인가?

조선은 유교의 나라였다. 유교(유학)의 갈래인 성리학의 예법에 따랐다. 조선 후기 새로 등장한 '실학'의 뿌리도 유교다. 하지만 실학은 성리학과 달리 백성의 삶이 더 나아지도록 연구하는 학문이다. 백성에게 도움이 되는 기술 연구를 중요시했다. 실학의 이념에 따라 실학자들은 과감한 개혁을 주장하기도 했다.

초기 실학자인 유형원은 일정한 면적의 토지를 농민 모두에게 나눠 주어야 한다고 주장했다. 토지 제도를 개혁해야 백성의 생활도 안정된다고 생각했기 때문이다.

박지원은 조선 후기 실학자이자 문장가다. 청나라 여러 곳을 여행하고 여행기인 『열하일기』를 썼다. 이 책에서 청나라의 앞선 문물을 받아들여 조선을 발전시키자고 주장했다. 『열하일기』는 당시에도 크게 인기를 모아 조선 백성의 마음을 흔들었다. 또한 박지원이 쓴 「호질」, 「양반전」 등 양반을 비꼬는 내용의 소설도 큰 인기를 끌었다.

나라가 발전하려면 서양의 앞선 문물을 받아들여야 한다고 주장한 홍대용은 천문학을 공부하며 지구가 스스로 돈다는 사실을 알게 되었다. 나아가 과학의 이치에 따르면 땅 위의 모든 나라는 동등하기 때문에 중국과 조선도 동등하다는 주장을 했다.

이덕무는 규장각 출신의 학자다. 정조의 든든한 지원을 받아 다양한 연구를 하고 책을 펴냈다. 정약용은 18세기 실학을 총정리하고 백성을 위한 사회 개혁을 주장했다.

한편, 실학자들을 중심으로 '서학'이 빠르게 퍼져 나갔다. 서학이란 조선 시대에 천주교를 이르던 말이다. 서학은 처음에 학문으로 여겨졌으나 이후 종교로 자리 잡으며 일반 백성에게까지 퍼져 나갔다. 조선에서는 나라의 질서를 어지럽힌다는 이유로 서학을 금지했다. 이에 따라 서학을 가까이한 실학자와 백성이 무수히 처형당했다.

꿈의 도시, 화성

정조는 아버지인 사도 세자의 무덤을 수원으로 옮기고 수원에 신도시 건설을 위해 '화성'을 쌓았어요. 화성의 설계는 정약용이 맡았습니다. 정조는 화성을 쌓는 일에 모든 힘을 쏟아부었어요. 조선 최고의 기술자와 과학자를 불러들였지요. 화성 건설을 위해 일한 백성에게 월급을 주기도 했어요. 거중기 등 첨단 기계도 사용해 10년 이상 걸릴 일이 2년 반 만에 끝이 났어요.

화성이 완성된 후 어머니인 혜경궁 홍씨의 환갑을 기념해 화성에 행차했습니다. 수천 명의 인원이 한강에 놓인 배다리를 건너 화성에 도착했어요. 정조는 화성으로 수도를 옮겨 새로운 정치를 펼 계획을 세웠지만 얼마 후 병으로 세상을 떠나고 말았습니다.

> 화성 건설에 대한 자세한 내용은 『화성성역의궤』에 잘 기록되어 있어.

> 배다리는 배를 늘어놓고 그 위에 널빤지를 올려 만든 다리야.

> 화성 행차는 『원행을묘정리의궤』에 자세히 기록되어 있지.

> 의궤들은 꼼꼼히 기록되어 유네스코 세계 문화유산으로 지정되었대!

스타★실록

정조 이산
(재위 1776~1800)
조선을 크게 발전시킨 왕

영조의 손자이며 사도 세자의 아들. 영조의 뒤를 이어 조선의 스물두 번째 왕이 되었다. 아버지의 비극적인 죽음을 보고 나라를 안정적으로 운영하려면 붕당 간 싸움부터 멈춰야 한다고 생각했다. 규장각을 세우고 당파와 상관없이 능력 있는 인재를 등용했으며 왕권을 강화하기 위해 왕 전용 군사 기구인 장용영을 설치했다.

각종 제도를 손보아 정조 시대에는 농업과 상공업이 크게 발달했고 학문도 어느 때보다 발전해 수많은 책이 편찬되었다. 가장 뛰어난 업적은 수원 화성을 건설한 것이다.

제23대 순조

연관 검색어 ❗ 세도 정치 - 정순 왕후 - 안동 김씨 - 홍경래의 난 - 신유박해

순조
재위 1800~1834

인물 ▼

정순 왕후	순조의 증조할머니. 수렴청정으로 규장각 축소, 장용영 폐지 등 정조의 업적을 없앰
안동 김씨	순원 왕후의 친정. 조정의 모든 권력을 차지

주요 사건 ▼

홍경래의 난	"이대로는 못 살겠다!"
신유박해	서학(천주교)을 믿는 자들을 처형하거나 귀양 보냄

순조 가계도 ▼

▼1800
조선의 스물세 번째 왕이 되다.
정순 왕후의 수렴청정이 시작되다.

▼1801
천주교 신도와 사상가를 처형하거나 유배 보내다.
(신유박해)

▼1811
홍경래의 난 일어나다.

▼1834
순조 승하하다.
인릉에 묻히다.

다시 어둠으로

순조가 열한 살 어린 나이에 왕이 되자 정순 왕후가 수렴청정을 합니다. 정순 왕후는 정조가 노력해 쌓아 올린 것을 다시 원점으로 되돌렸어요. 서학을 믿는다는 이유로 다양한 분야의 학자를 귀양 보내거나 처형하고, 사도 세자의 죽음에 반대했던 신하도 대대적으로 처벌하지요. 자신을 지지하는 무리에 권력을 준 거예요. 정순 왕후의 수렴청정이 끝나자 상황은 또 바뀌었습니다. 순조의 왕비 순원 왕후의 친정인 안동 김씨 가문이 새로이 권력을 잡았어요.

부당하게 권력을 쥔 세력이 부정부패를 일삼자 백성의 삶은 힘겨워졌습니다. 오랫동안 차별받아 온 평안도 지방에서는 홍경래가 불평등한 상황에 맞서기 위해 군사를 모아 난을 일으켰어요. 홍경래의 난은 실패했지만 분노한 백성의 마음에 불씨가 되었습니다.

- 정순 왕후는 영조의 왕비이자 순조의 증조할머니야.
- 붕당 정치를 없애고자 했던 영조와 정조의 노력이 물거품으로 돌아가다니!
- 평안도 지방 출신은 실력이 있어도 과거에 급제하기 힘들었대.
- 특정 가문이 권력을 휘두르며 정치를 주도한 것을 '세도 정치'라고 해.

조선의 스물세 번째 왕. 정조가 병으로 갑자기 세상을 떠나 열한 살의 어린 나이에 조선의 왕이 되었다. 순조의 나이가 어려 증조할머니인 정순 왕후가 수렴청정을 했다. 정순 왕후의 수렴청정이 끝나자 순조의 왕비 가문인 안동 김씨가 권력을 잡았다. 이들은 나라보다 자신의 집안을 위해 권력을 무자비하게 휘둘렀다. 부정부패가 판을 치고 백성은 높은 세금으로 고통을 겪었다. 순조에게 대리청정을 명받은 효명 세자가 정치를 개혁하려 했지만 대리청정 4년 만에 죽고 말았다.

스타★실록

순조 이공

(재위 1800~1834)
증조할머니가 왕

제24대 헌종

연관 검색어 ❗ 세도 정치 - 순원 왕후 - 풍양 조씨 - 오가작통법

인물 ▼

순원 왕후	어린 헌종 대신 안동 김씨 가문의 순원 왕후가 수렴청정
신정 왕후	헌종의 어머니 신정 왕후 가문인 풍양 조씨가 안동 김씨 가문과 엎치락뒤치락

헌종 가계도 ▼

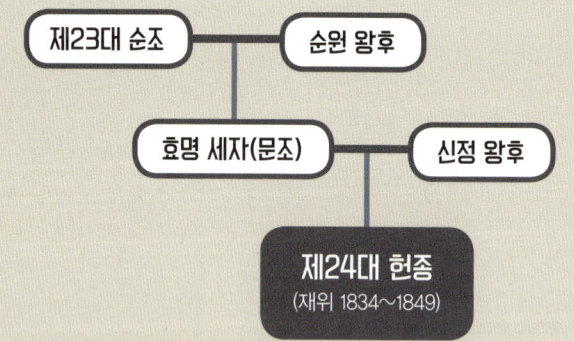

헌종
재위 1834~1849

▼ **1834**
조선의 스물네 번째 왕이 되다.

▼ **1839**
오가작통법을 이용해 천주교인을 박해하다.
(기해박해)

▼ **1841**
수렴청정이 끝나고 직접 나랏일을 돌보다.

▼ **1849**
헌종 승하하다.
경릉에 묻히다.

두 외척의 틈바구니에서

헌종은 세자였던 아버지가 일찍 세상을 떠난 탓에 여덟 살의 어린 나이에 왕이 되었습니다. 따라서 할머니인 순원 왕후가 수렴청정을 했지요. 이 시기에는 순원 왕후 집안인 안동 김씨와 신정 왕후 집안인 풍양 조씨가 번갈아 권력을 잡았어요. 순조 때도 나라를 어렵게 했던 세도 정치가 계속된 것이지요.

풍양 조씨 가문은 돈을 받고 관직을 팔았습니다. 이렇게 관리가 된 사람들은 더 큰 돈을 벌기 위해 백성을 쥐어짰어요. 백성의 삶은 탐관오리들의 부정부패로 더 바닥으로 떨어졌답니다. 안동 김씨와 풍양 조씨가 다툼을 벌였던 이즈음 바닷가에 서양의 배가 자주 나타나 거래를 요구하곤 했어요. 조선은 안으로 곪고 밖으로는 상처가 나고 있었습니다.

> 한 집안이 나라를 쥐락펴락하다니, 말세야 말세.

> 오가작통법이라고 들어 봤어? 다섯 집을 하나로 묶어 이 가운데 범죄자가 나오면 이웃들도 함께 처벌하는 제도야.

> 서로 철저하게 감시해야 했겠네. 이웃이 감시자라니, 살벌해.

스타★실록

헌종 이환

(재위 1834~1849)
가장 어리고 약했던 왕

조선의 스물네 번째 왕. 순조의 아들인 효명 세자가 병으로 갑자기 세상을 떠나고 순조마저 건강이 나빠져 헌종은 여덟 살에 갑자기 왕이 되었다. 조선의 왕 중 최연소로 왕이 되었고 스물셋이라는 어린 나이에 세상을 떴다. 신정 왕후의 가문이자 헌종의 외가인 풍양 조씨가 안동 김씨와 다투며 권력을 무자비하게 휘둘렀다. 부정부패가 판을 쳤고 탐관오리가 넘쳐 났다. 힘없는 백성은 고되게 일한 결과물을 세금으로 모두 빼앗겨야 했다.

제25대 철종

연관 검색어 ❗ 왕이 된 농부 – 세도 정치 – 안동 김씨 – 김정호 – 『대동여지도』 – 진주 민란

철종
재위 1849~1863

주요 사건 ▼

왕이 된 농부	아들이 없던 헌종 ➡ 왕실의 먼 친척이며 농사짓던 철종이 왕이 됨
세도 정치	철종이 철인 왕후를 왕비로 맞음 ➡ 안동 김씨가 세도 정치를 이어 감
고달픈 백성	안동 김씨 세력의 부패로 백성들이 피눈물을 흘림

업적 ▼

『대동여지도』	김정호가 완성한 가장 정확한 조선 지도

▼ **1831**
정조의 이복동생인 은언군의 손자로 태어나다. 가족과 함께 강화도로 유배 가다.

▼ **1849**
조선의 스물다섯 번째 왕이 되다.

▼ **1862**
굶주린 농민들이 진주 민란(임술 농민 봉기)을 일으키다.

▼ **1863**
철종 승하하다. 예릉에 묻히다.

피눈물 흘리는 백성들

헌종이 아들 없이 갑자기 세상을 떠났습니다. 궁궐에는 왕위를 이을 적당한 인물이 없었지요. 결국 사도 세자의 먼 자손이며 강화도에서 평범하게 살고 있던 철종을 궁궐로 불러들여 왕으로 삼았어요. 왕이 될 준비를 전혀 하지 못했던 왕은 허수아비일 수밖에 없었습니다. 안동 김씨 가문은 힘없는 왕의 뒤에서 부정부패를 일삼으며 계속 권력을 유지했어요.

부패한 정치로 고단한 삶을 이어 가야 했던 백성들은 결국 참지 못하고 곳곳에서 들고일어났어요. 진주 지방을 중심으로 일어난 민란 세력은 진주성까지 점령했어요. 철종 때 민란이 가장 많이 일어났다고 해요. 나라는 끝없는 혼란 속으로 빠져들었습니다.

> 농사지으며 살던 철종은 백성의 삶을 잘 알았을 텐데.

> 그럼 뭐해. 안동 김씨가 권력을 꽉 쥐고 제멋대로 하고 있으니 철종이 힘을 쓸 수 있었겠어?

> 연이은 세도 정치로 백성들만 피눈물을 흘렸겠군.

스타★실록

조선의 스물다섯 번째 왕. 사도 세자의 후손이지만 할아버지와 이복형이 정치적 누명을 써서 함께 강화도로 귀양을 갔다. 강화도에서 농사를 지으며 평범한 백성으로 살던 철종은 조정으로 불려 가 하루아침에 왕이 되고 안동 김씨 가문의 여성을 왕비로 맞았다. 안동 김씨의 부정부패는 끝날 줄 모르고 백성의 삶은 더 나빠질 수 없을 지경에 이르렀다. 그리하여 진주 민란을 시작으로 나라 곳곳에서 백성들이 난을 일으켰다. 힘이 없어 이리저리 휘둘려야 했던 철종은 건강까지 잃어 서른셋의 나이에 병으로 세상을 떠나고 말았다.

철종 이변
(재위 1849~1863)
하루아침에 왕이 된 농부

 『대동여지도』는 10리마다 점을 찍어 거리를 나타냈어.

 산·강·관청·성곽·나루터 같은 정보도 꼼꼼히 새겼어!

김정호
1861년

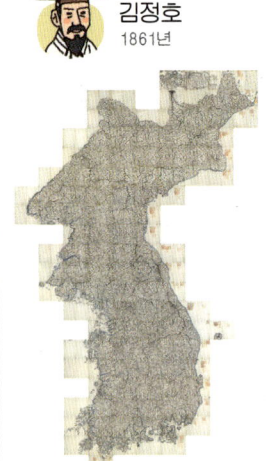

마지막 목판을 찍어 22첩 『대동여지도』를 완성했다. 한 첩을 펼치면 한반도의 동서를 보고, 첩들을 위아래로 잇대면 남북을 볼 수 있다. 『대동여지도』를 목판에 새긴 건 몇 번이고 찍어 내 조선 백성이라면 누구든지 이 지도를 볼 수 있도록 하기 위해서! #대동여지도 #이렇게_자세한_지도는_처음이지? #지도에_그린_곳을_다_가_본_건_아님

최한기 자랑스럽소! 조선 최고의 지리학자라 불릴 만하오!

@최한기 선비님이 아니었다면 저같이 천한 신분이 감히 규장각에 소장된 외국 지도를 보며 공부할 수 있었겠습니까. 이게 다 선비님 덕분입니다.

지도를 다 펼치면 세로가 약 7m, 가로가 약 4m래. 생각보다 거대하군.

그래서 22개의 첩으로 나뉘어 있는 거야. 첩을 포개면 책 한 권이라 필요한 첩만 뽑아서 갖고 다니면 된다는!

스타★실록

김정호
(?~?)
조선 최고의 지리학자

평민 출신 지리학자 김정호에 대한 기록은 많지 않다. 조선은 신분 사회였고 지리학자의 지위가 높지 않았기 때문이다. 실학자 최한기는 김정호의 포부와 열의에 감동받아 신분에 개의치 않고 김정호를 적극 도왔다고 한다. 김정호는 세 개의 지도와 세 권의 지리책을 남겼다. 철종 때 완성한 『대동여지도』는 현재 기술로 만든 지도와 비교해도 손색이 없을 정도로 완성도가 높다. 또한 그는 『대동지지』 같은 지리책에 조선과 한양의 역사, 지형, 인구, 논과 밭 등을 자세히 기록했다. 조선 지리학 수준을 높이 끌어올린 위대한 지리학자로 평가받는다.

그것이 알고 싶소 – 왜 백성들은 서학과 동학에 열광하는가?

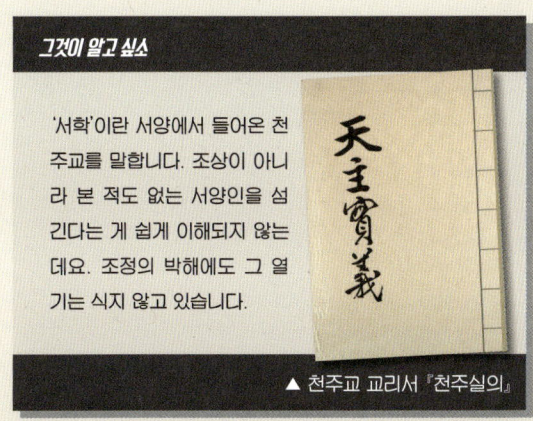

제26대 고종

연관 검색어 ❗ 흥선 대원군 – 명성 황후 – 강화도 조약 – 갑신정변 – 동학 농민 운동 – 을미사변 – 을사조약 – 대한 제국

고종
재위 1863~1907

인물 ▼

흥선 대원군	안동 김씨를 몰아냄
	경복궁을 다시 지음
	나라의 문을 닫음(척화)
명성 황후	고종의 왕비
	나라의 문을 엶(개화)
	청나라·러시아의 도움을 받아 일본을 견제

주요 사건 ▼

강화도 조약	일본에만 유리한 불평등 조약
갑신정변	개화파가 명성 황후 세력을 몰아내려 한 사건
동학 농민 운동	전봉준을 앞세운 농민 봉기
을미사변	일본이 명성 황후를 죽인 사건
을사조약	일본이 조선의 외교권을 박탈하기 위해 강제로 맺은 조약

▼ 1863
조선의 스물여섯 번째 왕이 되다. 흥선 대원군이 수렴청정을 하다.

▼ 1866, 1871
프랑스와 미국의 함선이 나타나 행패를 부리다.

▼ 1873
흥선 대원군이 물러나고 직접 나랏일을 돌보다.

▼ 1876
일본과 강화도 조약을 맺다.

▼ 1884
갑신정변이 일어나지만 실패하다.

고종 가계도 ▼

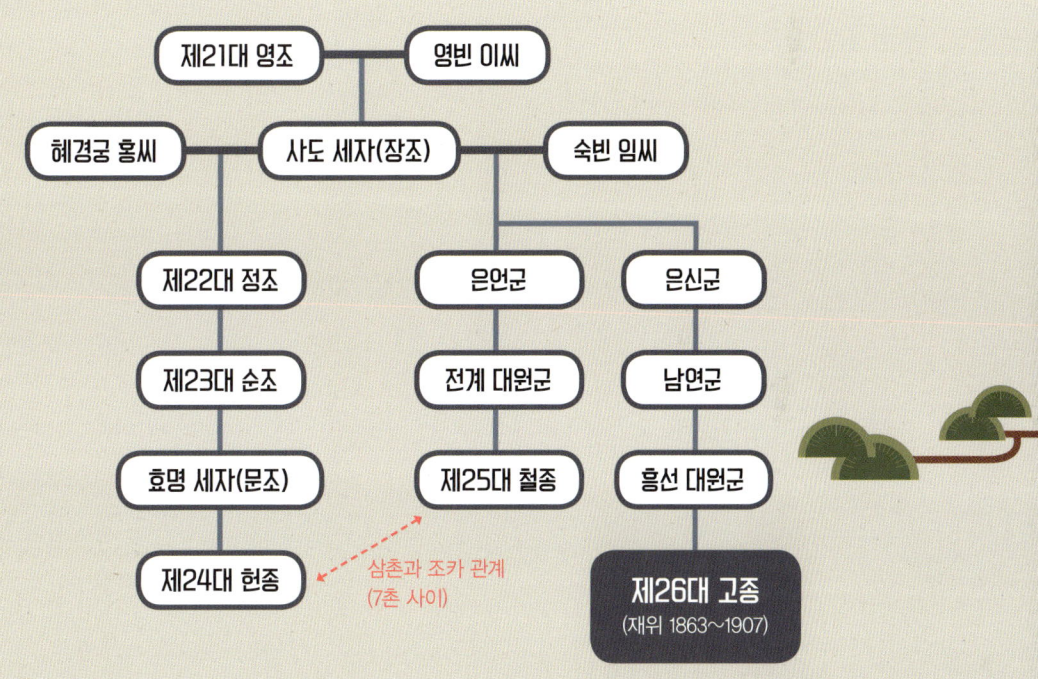

▼1894	▼1895	▼1897	▼1905	▼1919
동학 농민 운동이 일어나다.	을미사변으로 명성 황후가 목숨을 잃다.	나라 이름을 대한 제국으로 바꾸다. 고종이 대한 제국의 첫 번째 황제가 되다.	일본과 을사조약을 맺다.	고종 승하하다. 홍릉에 묻히다.

흥선 대원군의 나라

> 신정 왕후는 풍양 조씨였어. 라이벌인 안동 김씨를 흔들 필요가 있었겠지.

> ㄴ 그래서 흥선 대원군과 손을 잡은 거구나.

> 흥선 대원군은 오래 전부터 권력에 욕심이 있었어. 안동 김씨를 속이기 위해 건달 행세를 하기도 했대.

> ㄴ 이야…… 꿈을 이루기 위한 흥선 대원군의 빅 픽처!

철종이 아들 없이 세상을 떠나자 조정에서는 왕위를 이을 사람을 찾기 위해 왕족을 샅샅이 살폈습니다. 흥선 대원군은 영조의 멀고 먼 후손이었어요. 아들인 고종을 왕으로 만들기 위해 당시 대왕대비였던 신정 왕후와 손을 잡았지요. 그리하여 고종이 조선의 스물여섯 번째 왕이 되었습니다. 고종이 고작 열두 살이었기 때문에 신정 왕후와 흥선 대원군이 수렴청정을 했습니다.

흥선 대원군은 땅에 떨어진 왕권을 회복하기 위해 세도 정치를 주도하던 안동 김씨를 몰아냈어요. 임진왜란 때 불에 탔던 경복궁을 복구하기도 했지요. 복구하는 데 드는 비용과 노동력을 무리하게 구해서 백성의 원성을 사기도 했습니다.

스타★실록

흥선 대원군
(1820~1898)
서양 오랑캐로부터 나라를 지키자!

신정 왕후와 손잡고 아들을 왕으로 만든 일등 공신. 흥선 대원군은 어린 왕을 대신해 10년 동안 조선을 다스렸다. 세도 정치가 조선을 병들게 한다고 판단해 안동 김씨를 몰아내고, 왕의 권위를 높이기 위해 경복궁을 다시 지었다. 백성을 괴롭히던 서원을 대폭 없애고 호포제를 실시해 양반도 군역을 지게 했다.

흥선 대원군은 서양 강대국들이 무역을 요구해 오자 이를 거절하고 오랫동안 나라의 문을 닫았다. 흥선 대원군의 '통상 수교 거부 정책'은 나라의 발전을 지연시키기도 했다.

나라의 문을 굳게 닫아라

흥선 대원군이 나라를 다스릴 때 서양 함선이 자주 바닷가에 나타났어요. 서양은 조선에 항구를 개방하고 교류할 것을 요구했지요. 1866년에는 프랑스가, 1871년에는 미국이 강화도로 들어와 교류를 요구했습니다. 조선 병사들은 이 악물고 그들을 쫓아냈지요. 서양으로부터 조선을 지키겠다고 생각한 흥선 대원군은 나라의 문을 굳게 걸어 잠갔어요. 반면 당시 일본과 중국은 서양 문물을 받아들여 빠르게 발전하고 있었어요.

고종은 1873년부터 직접 통치를 시작했습니다. 아버지 뜻과는 반대로 나라의 문을 열고 뒤늦게라도 외국 문물을 받아들이기 시작했어요. 변화의 중심에는 고종의 왕비, 명성 황후가 있었습니다.

> 😠 프랑스군은 외규장각에서 책과 보물을 훔쳐 갔어.

> 😐 미국의 제너럴셔먼호는 평양까지 들어와 횡포를 부렸지.

> 😑 서양의 앞선 문물을 받아들여야 한다고 주장하던 이들을 '개화파'라고 해.

> 😠 흥선 대원군이 떠난 자리를 명성 황후가 채우는구나.

[속보] 강화도 조약 체결

지난해 일본이 강화도에 나타나 대포를 쏘며 위협하던 사건을 기억하는가? 일본이 이번엔 조선에 통상 조약을 요구했다. 통상 조약은 나라끼리 물건을 사고팔기로 하는 약속이다. 이미 서양 강대국과 조약을 맺고 빠르게 발전하고 있던 일본이 자국에만 유리한 조약 내용을 내밀었다.

아무런 준비도 대책도 없던 조선은 1876년 오늘, 불평등한 조약서에 결국 서명하고 말았다. 조선의 앞날은 과연 어찌 되는가?

∨ 댓글 **1084**

ㄴ 일본이 조선에서 사 가는 물건에 세금을 매기지 않는다며? 3분 전 | 신고
ㄴ 강화도 조약 후속 조약에 그런 항목이 있다네? 3분 전 | 신고
ㄴ 우리가 피땀 흘려 농사지은 곡식을 헐값에 사간다고!? 방금 전 | 신고

개화의 거친 소용돌이

😊 다른 나라 없이 자주적으로 개혁할 순 없었을까?

💬 개화파의 주요 인물은 김옥균, 박영효, 홍영식, 서재필, 서광범이야. 갑신정변이 실패로 끝나고 이들은 그 자리에서 목숨을 잃거나 다른 나라로 도망갔지.

😠 세상에! 왕비를 죽이다니!

😥 이 일로 위협을 느낀 고종은 러시아 공사관으로 도망갔어.

권력을 잡은 명성 황후는 청나라의 도움을 받아 나라를 개방하자고 주장했어요. 하지만 급진적인 개화파는 일본을 본보기로 나라를 개혁해야 한다고 주장했지요. 개화파는 걸림돌을 없애기 위해 우정국(오늘날 우체국) 개국 축하 파티에서 폭탄을 터뜨려 명성 황후파 고위 관리들을 살해했어요. 갑신년(1884)에 일어난 이 사건을 '갑신정변'이라고 합니다. 명성 황후가 청나라의 도움으로 개화파들을 몰아내 갑신정변은 실패합니다.

명성 황후는 청나라가 힘을 잃자 러시아와 가까이 지내며 일본을 경계했어요. 명성 황후를 눈엣가시로 여겼던 일본은 자객을 궁에 침입시켜 한 나라의 왕비인 명성 황후를 무참하게 살해합니다.

스타★실록

명성 황후
(1851~1895)
고종의 아내이자 든든한 후원자

흥선 대원군이 물러난 후 조선 정치에 가장 영향을 많이 준 인물. 조선의 근대화를 주도했다. 하지만 자주적 개혁이나 백성의 삶에 대해 고민하기보다 자신의 권력을 지키고 재산을 늘렸던 것으로 평가받는다. 개혁의 주체가 되지 못하고 청나라나 러시아를 끌어들인 점도 비판을 받는다. 조선이 근대화를 시작하던 중요한 시기에 명성 황후는 다른 나라와의 외교를 주도하며 일본을 견제했다. 그러자 일본은 조선을 침략하기 위해 명성 황후를 없애는 파렴치한 짓을 저질렀다. 을미년(1895)에 벌어진 이 사건을 '을미사변'이라 한다.

동학 농민 운동

1894년 전라도 고부 지역에서 천여 명의 동학교도들과 농민들이 봉기를 일으켰어요. 우두머리는 전봉준이었습니다. 고부 지역 동학 집단의 지도자였지요. 동학교도들과 농민들은 관아로 쳐들어가 탐관오리인 조병갑을 쫓아내고 창고에 쌓여 있던 곡식을 백성에게 나눠 주었습니다. 농민들이 일어났다는 소식에 조정에서는 청나라에 도움을 청했습니다. 혼란스러운 틈을 타 일본군도 조선으로 들어왔어요. 외국 세력의 개입을 걱정한 농민군은 해산했습니다.

하지만 결국 청나라와 일본이 조선 땅에서 청·일 전쟁을 일으켰고 일본이 승리했습니다. 나라를 개혁하려 했던 백성들은 이제 일본을 몰아내기 위해 싸워야 했어요. 하지만 공주 우금치에서 벌어진 전투에서 일본군과 조선군 연합군에 처참하게 지고 말지요.

> 그냥 해산한 건 아니야. 악습을 폐지하는 내용의 개혁안을 정부와 체결했어.

> 동학 농민 운동은 부패한 관리와 외국 세력에 맞서 농민들이 힘을 모은 민족 운동으로 평가받지.

> ┗ 짝짝짝!

> 전봉준은 키가 작아 녹두 장군이라고 불렸대.

> ┗ 녹두는 팥보다 작은 콩!

을사조약

😠 왕이 서양식 옷을 입고 칼을 차다니, 조선도 많이 변했구나.

😃 그렴! 길에는 전차가 다니고, 궁궐에는 전깃불이 들어왔는 걸.

😐 1895년에는 나라에서 상투를 자르라고 명령하기도 했어.

😠 나라를 팔아넘긴 매국노 이완용, 잊지 않겠다.

1897년 고종은 '대한 제국'으로 나라 이름을 바꿨습니다. 땅에 떨어진 나라의 위상을 회복하겠다는 의지였지요. 고종은 스스로를 황제라 칭하고 왕이 입던 곤룡포(용의 무늬를 수놓은 왕의 옷) 대신 서양식 제복을 입었어요. 그러나 일본의 침략 의지도 막강했습니다.

1905년 11월 일본의 이토 히로부미는 고종을 만나러 조선에 왔어요. 궁궐 안팎과 서울 시내 곳곳에 군대와 경찰을 배치해 놓고 외교권을 일본에 넘기라고 협박한 거예요. 외교권을 빼앗긴 나라는 자신의 의견을 스스로 말할 수 없기에 독립 국가가 될 수 없습니다. 고종이 거절하자 이완용과 이토 히로부미가 고종을 협박합니다. 일본이 막무가내로 맺은 이 조약을 '을사조약'이라고 합니다.

스타★실록

고종 이희

(재위 1863~1907)
높은 파도에 삼켜진 조선이라는 배

조선의 스물여섯 번째 왕이자 대한 제국의 첫 번째 황제. 당시 세계는 근대화라는 급격한 변화를 겪고 있었다. 고종은 흥선 대원군과 달리 개화 정책을 펼쳤다. 이 시기 주변 강대국들은 꾸준히 조선 정치에 간섭했다. 고종은 이에 맞서 1897년에 나라 이름을 '대한 제국'으로 바꾸고 대한 제국이 자주 독립국이라 밝혔다. 하지만 강제로 을사조약을 맺게 되어 일본에 외교권을 빼앗겼다. 고종은 조약의 부당함을 세계에 알리려고 네덜란드 헤이그에 특사를 보냈다. 일본은 이 일을 트집 잡아 고종을 황제 자리에서 끌어내렸다.

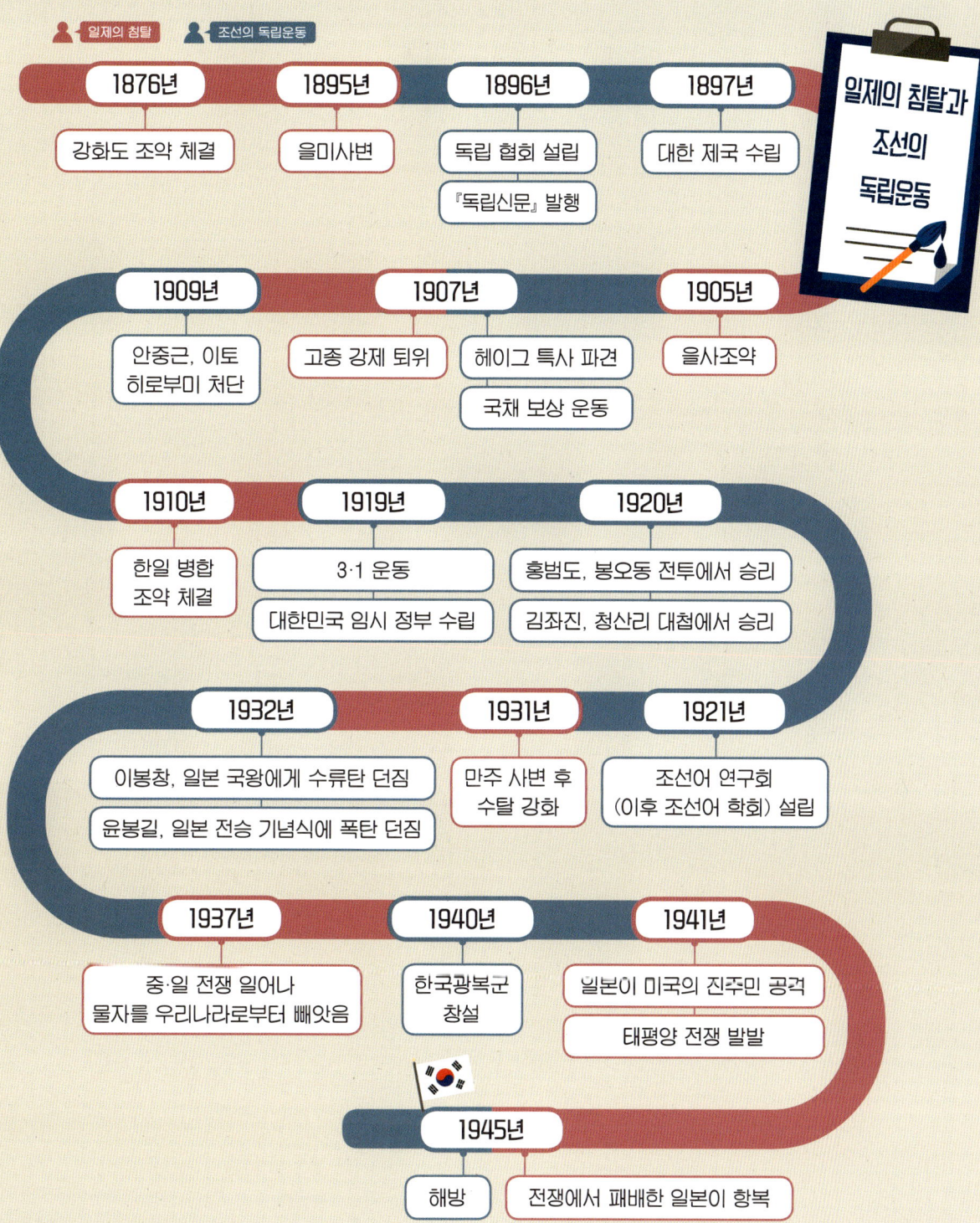

제27대 순종

연관 검색어 ⚠ 조선의 마지막 황제 – 헤이그 특사 – 경술국치

주요 사건 ▼

경술국치	1910년 한일 병합 조약으로 일본에 국권을 빼앗김

순종 가계도 ▼

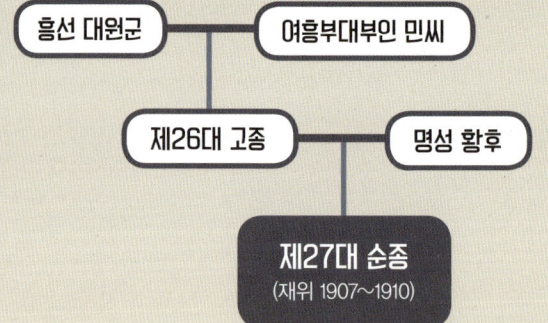

재위 1907~1910

▼ 조선 총독부

▼ 1874　　▼ 1907　　▼ 1909　　▼ 1910　　▼ 1926

고종과 명성 황후의 둘째 아들로 태어나다.

일본의 강요로 고종이 물러나고 순종이 대한 제국의 두 번째 황제가 되다.

안중근이 이토 히로부미를 저격하다.

한일 병합 조약을 맺다.

순종 승하하다. 유릉에 묻히다.

나라를 잃다

고종은 을사조약의 부당함을 세계에 알리기 위해 네덜란드 헤이그에 특사를 보냈어요. 그러나 일본의 방해로 실패했지요. 일본은 이 일로 고종을 황제 자리에서 내쫓으려 했어요. 고종이 이에 응하지 않자 일본은 순종의 황제 즉위식을 거짓으로 꾸며 진행했습니다. 당사자들은 빠진 채 덕수궁에서 엉터리 즉위식을 진행하고 이를 신문에 내기까지 했어요.

순종이 황제 자리에 올랐지만 대한 제국의 황제는 이미 일본의 허수아비일 뿐이었어요. 1910년 이완용은 한일 병합 조약에 도장을 찍었습니다. 우리나라의 주권을 일본에 넘기겠다는 내용이었지요. 그로부터 일주일 후인 8월 29일 순종은 이 조약을 발표했습니다. 대한 제국이 일본의 식민지가 된 것입니다. 500년 넘게 27대에 걸쳐 이어져 온 조선 왕조가 끝났습니다. 『조선왕조실록』도 한일 병합 조약을 알리며 끝을 맺습니다.

- 네덜란드 헤이그에서 '만국 평화 회의'라는 국제 회의가 열렸대. 전 세계에 알릴 기회라고 생각했겠지.
- 거짓 즉위식이라니. 일곱 살 내 동생도 저 정도로 억지 부리진 않는다.
- 1909년 안중근은 하얼빈 역에서 이토 히로부미를 죽여 독립 의지를 전 세계에 알렸어.
- '경술국치(庚戌國恥)'란 경술년(1910)에 나라가 수치를 당했다는 뜻이야.

조선의 마지막 황제

💬 일본은 순종을 황제에서 왕으로 낮추었대.

💬 1919년 1월 고종이 세상을 떠났어. 이게 불씨가 되어 3·1 운동이 일어나.

💬 일본 식민지 시절인 35년 동안 사람들은 다양한 방법으로 독립운동을 했어.

한일 병합 전에 이미 일본은 대한 제국의 군대를 해산시켰어요. 군대가 없는 나라는 힘이 없습니다. 또한 조선 왕실의 상징인 경복궁 건물들을 헐어 내고 그 자리에 조선 총독부를 세웠어요. 동양 척식 주식회사를 세워 조선의 땅을 조사하고 땅을 헐값에 사들이기도 했지요. 조선 땅이 일본 소유가 되어 조선 농민은 일본인의 땅을 빌려 농사짓는 소작농이 될 수밖에 없었어요. 백성은 더욱 가난해지고 살기 힘들어졌습니다.

순종은 어느 날, 고종이 하루아침에 세상을 떠났다는 소식을 들었습니다. 고종이 독살되었다는 소문이 빠르게 퍼져 나갔어요. 분노한 사람들은 독립 의지를 만세 운동을 통해 보여 주었습니다.

스타★실록

순종 이척
(재위 1907~1910)
망국의 마지막 황제

조선의 스물일곱 번째 왕이자 대한 제국의 마지막 황제. 고종과 명성 황후 사이에서 태어났다. 어릴 때부터 건강이 좋지 않아 명성 황후가 순종의 건강을 많이 염려했다고 전한다. 순종 대에 주권이 일본으로 넘어가 우리나라는 일본의 완전한 식민지가 되었다.

어머니가 일본 자객에게 목숨을 잃었고, 한일 병합 이후 이복동생인 영친왕과 덕혜 옹주 등은 강제로 일본으로 끌려가 일본식 교육을 받아야 했다. 순종의 재위 기간은 단 4년. 일본이 조선을 악랄하게 수탈해 가는 모습을 지켜보아야 했던 슬픈 운명의 왕이었다.

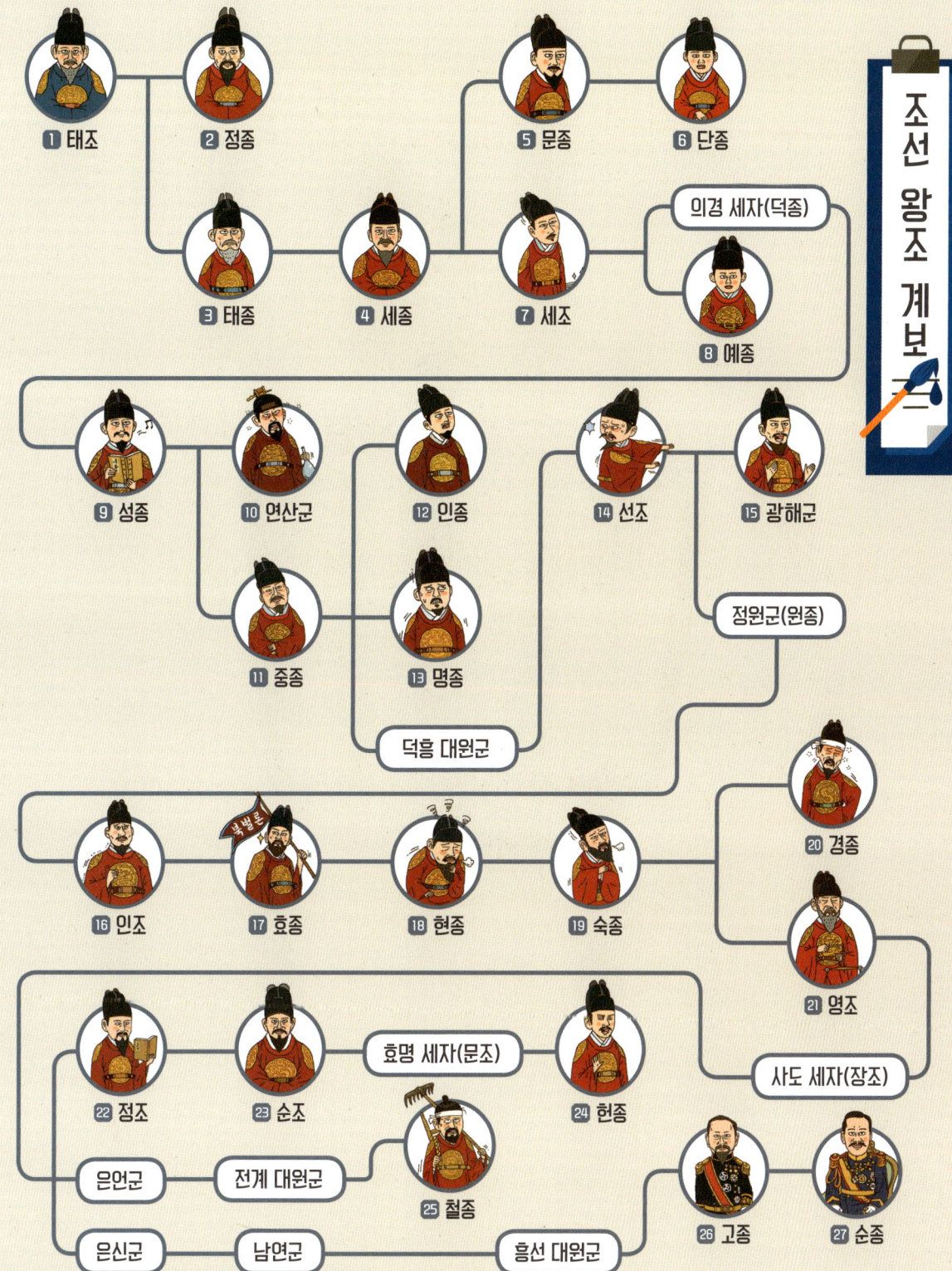

사진 출처
15쪽　　　위키미디어 공용 ⓒBlmtduddl
18쪽　　　연합포토
31, 32쪽　국립중앙박물관
104쪽　　위키미디어 공용 ⓒ정진호